TRAITÉ

D'ORTHOGRAPHE

ABSOLUE.

TRAITÉ

D'ORTHOGRAPHE

ABSOLUE,

A L'USAGE DES ÉCOLES PRIMAIRES,

PAR M. GOUILLÉ,

MAITRE DE PENSION A NANTES.

Copiez, copiez, copiez.

PRIX : 80 CENT.

NANTES.

IMPRIMERIE DU COMMERCE,
V. MANGIN ET W. BUSSEUIL.

1841.

Les exemplaires voulus par la loi ont été dé-
posés.

ABRÉVIATIONS.

sm. — substantif masculin.
sf. — substantif féminin.
smp. — substantif masculin pluriel.
sfp. — substantif féminin pluriel.
n. p. — nom propre.
s. 2 g. — substantif des deux genres.
a. m. — adjectif masculin.
a. f. — adjectif féminin.
a. n. — adjectif numéral.
a. 2 g. — adjectif des deux genres.
pron. — pronom.
v. — verbe.
prép. — préposition.
adv. — adverbe.
conj. — conjonction.
interj. — interjection

TRAITÉ

D'ORTHOGRAPHE

ABSOLUE.

***

MOTS COMMENÇANT PAR :

AI

Aide, *s.*, 2 *g.*
Aider, *v.*
Aigle, *s.*, 2 *g.*
Aiguiser, *v.*
Aile, *sf.*
Aileron, *sm.*
Aimable, *a.*, 2 *g.*
Aimer, *v.*
Aise, *sf.*
  Voyez *é.*

AN

Ange, *sm.*
Angélique, *a.*, 2 *g.*
Angle, *sm.*
Antagoniste, *sm.*
Anticiper, *v.*
Antimoine, *sm.*
Antipape, *sm.*
Antique, *a.*, 2 *g.*
  Voy. *en.*

AU

Aube, *sf.*
Aubépine, *sf.*
Auberge, *sf.*
Aubergiste, *s.*, 2 *g.*
Augmenter, *v.*
Auguste, *a.*, 2 *g.*
Aujourd'hui, *adv.*
Aumônier, *sm.*
Aunage, *sm.*
Aune, *sf.*
Auriculaire, *a.*, 2 *g.*
Automne, *sm.*
Autoriser, *v.*
Autruche, *sf.*
Autrui, *pron.*
  Voy. *o.*

CE

Cerise, *sf.*
Cerisier, *sm.*
  Voy. *cé, se, sé, sei.*

CÉ

Céder, *v.*
Célébrer, *v.*
Céleste, *a.*, 2 *g.*
Cénacle, *sm.*
  Voy. *ce, se, sé, sei.*

CEN

Censure, *sf.*
Censurer, *v.*
Centenier, *sm.*
Centime, *sm.*
Centrifuge, *a.*, 2 *g.*
Centuple, *sm.*
  Voy. *san, sen.*

CER

Cercle, *sm.*
Cerner, *v.*
Certifier, *v.*
Certitude, *sf.*
  Voy. *ser.*

CH (se pron. *k*).

Chlore, *sm.*
Chlorure, *sm.*
Choléra, *sm.*
Cholérique, *sm.*
Choriste, *sm.*
Chrétien, *sm. et a. m.*
Chrétienté, *sf.*
Christ, *sm.*
Christianisme, *sm*
Chronique, *sf.*
Chronologie, *sf.*
Chrysalide, *sf.*
Chrysocolle, *sf.*

CI

Cidre, *sm.*
Cierge, *sm.*

Cigogne, *sf.*
Cime, *sf.*
Cirage, *sm.*
Cirier, *sm.*
Ciron, *sm.*
Civisme, *sm.*
  Voy. *si.*

DAN

Danger, *sm.*
  Voy. *den.*

DEN

Dent, *sf.*
Dentiste, *sm.*
  Voy. *dan.*

É

Échauder, *v.*
Église, *sf.*
Éloge, *sm.*
Émétique, *sm.*
Émonder, *v.*
Épiderme, *sm.*
Épier, *v.*
Épine, *sf.*
Épouvantable, *a.,*
  2 *g.*
Épuiser, *v.*
Équestre, *a.,* 2 *g.*
Équilibre, *sm.*
Équipage, *sm.*
Équitable, *a.,* 2 *g.*
Ériger, *v.*
Étude, *sf.*
  Voy. *ai.*

EN

Encadrer, *v.*
Enchaîner, *v.*
Enclume, *sf.*
Encourager, *v.*
Endurer, *v.*
Enfiler, *v.*
Enfler, *v.*
Enjoindre, *v.*
Enlever, *v.*
Enrager, *v.*

Enregistrer, *v.*
Enrhumer, *v.*
Enrôler, *v.*
Entourer, *v.*
Entraîner, *v.*
Entreprise, *sf.*
Entrer, *v.*
Envenimer, *v.*
Envier, *v.*
Envisager, *v.*
  Voy. *an.*

FRAI

Fraise, *sf.*
Fraisier, *sm.*
  Voy. *frai, fré,*
frê.

FRAÎ

Fraîcheur, *sf.*
  Voy. *frai, fré,*
frê.

FRÉ

Frémir, *v.*
Frénétique, *s. et a.*
  Voy. *frai, fraî,*
frê.

FRÊ

Frêle, *a.,* 2 *g.*
Frêne, *sm.*
  Voy. *frai, fraî,*
fré.

GÉO

Géodésie, *sf.*
Géologie, *sf.*
Géologue, *sm.*
Géomètre, *sm.*
Géorgie, *n. prop.*

GEÔ

Geôlage, *sm.*
Geôle, *sf.*
Geôlier, *sm.*

H *muette*

Habile, *a.,* 2 *g.*
Habileté, *sf.*
Habillement, *sm.*
Habiller, *v.*
Habit, *sm.*
Habitable, *a.,* 2 *g.*
Habitation, *sf.*
Habiter, *v.*
Habitude, *sf.*
Habituer, *v.*
Hameçon, *sm.*
Harmonie, *sf.*
Hébreu, *sm.*
Hectare, *sm.*
Hectolitre, *sm.*
Herbe, *sf.*
Herboriser, *v.*
Hérésie, *sf.*
Hérétique, *s.,* 2 *g.*
Héritage, *sm.*
Héritier, *sm.*
Hésiter, *v.*
Heureux, *a. m.*
Histoire, *sf.*
Historien, *sm.*
Homicide, *sm.*
Hommage, *sm.*
Honnête, *a.,* 2 *g.*
Honneur, *sm.*
Honorable, *a.,* 2 *g.*
Hôpital, *sm.*
Horloge, *sf.*
Horreur, *sf.*
Horrible, *a.,* 2 *g.*
Hostie, *sf.*
Huile, *sf.*
Huissier, *sm.*
Huître, *sf.*
Humanité, *sf.*
Humble, *a.,* 2 *g.*
Humeur, *sf.*
Humide, *a.,* 2 *g.*
Humilier, *v.*
  Voy. *h* aspirée.

H *aspirée*

Haïr, *v.*

Hameau, *sm.*
Hanneton, *sm.*
Harangue, *sf.*
Hardi, *a. m.*
Hareng, *sm.*
Harpe, *sf.*
Hasard, *sm.*
Honte, *sf.*
 Voy. *h* muette.

IN

Inquiétude, *sf.*
Insolvable, *a..* 2 *g.*
Intolérable, *a.,* 2 *g.*

LAI

Lainage, *sm.*
Laitage, *sm.*
 Voy. *lé, lè.*

LAN

Langage, *sm.*
Lange, *sm.*
Langue, *sf.*
Lanterne, *sf.*

LÉ

Lécher, *v.*
Légaliser, *v.*
Légitime, *a.,* 2 *g.*
Légume, *sm.*
 Voy. *lai, lè.*

LÈ

Lèpre, *sf.*
 Voy. *lai, lé.*

MAI

Maigre, *a.,* 2 *g.*
 Voy. *mé.*

MAN

Manchon, *sm.*
Mander, *v.*
Manger, *v.*
Manquer, *v.*
Mansarde, *sf.*
 Voyez. *men.*

MAU

Maudire, *v.*
 Voy. *mo.*

MÉ

Médecine, *sf.*
Médiocre, *a.,* 2 *g.*
Mélange, *sm.*
Ménage, *sm.*
 Voy. *mai.*

MEN

Mendier, *v.*
Mensonge, *sm.*
 Voy. *man.*

MO

Monarque, *sm.*
Moquer, *v.*
 Voy. *mau.*

O

Obéir, *v.*
Obélisque, *sm.*
Obliger, *v.*
Oblique, *a.,* 2 *g.*
Oculiste, *sm.*
Ogre, *sm.*
Olive, *sf.*
Olivier, *sm.*
Opaque, *a.,* 2 *g.*
Opérer, *v.*
Oracle, *sm.*
Orage, *sm.*
Oraison, *sf.*
Orange, *sf.*
Oranger, *sm.*
Origine, *sf.*
Oser, *v.*
Osier, *sm.*
Otage, *sm.*
 Voy. *au, ô.*

Ô

Ôter, *v.*
 Voy. *au, o.*

PAN

Pantalon, *sm.*
Pantoufle, *sf.*
 Voy. *pen.*

PAU

Pauvre, *sm.*
 Voy. *po.*

PEN

Pencher, *v.*
Pendre, *v.*
 Voy. *pan.*

PH

Phalange, *sf.*
Pharisien, *sm.*
Pharmacie, *sf.*
Pharmacien, *sm.*
Pharsale, *sf.*
Phase, *sf.*
Phénix, *sm.*
Phénomène, *sm.*
Philosophe, *sm.*
Philosophie, *sf.*
Phosphore, *sm.*
Phrase, *sf.*

PLAI

Plaider, *v.*
Plaisir, *sm.*
 Voy. *plé.*

PLÉ

Plénitude, *sf.*
Pléonasme, *sm.*
 Voy. *plai.*

PO

Polémique, *sf.*
Potage, *sm.*
Potier, *sm.*
 Voy. *pau.*

PRÉ

Précepte, *sm.*
Préférable, *a.,* 2 *g.*

Préférer, *v.*
Prérogative, *sf.*
Présage, *sm.*
Présenter, *v.*
Préserver, *v.*
Présider, *v.*
Présumer, *v.*
Voy. *pré.*

PRÉ

Prêter, *v.*
Voy. *pré.*

QUA (se pron. *ca*)

Quai, *sm.*
Qualifier, *v.*
Quantité, *sf.*
Quartier, *sm.*
Quasimodo, *sf.*
Quatorze, *a. n.*
Quatrain, *sm.*
Quatre, *a. n.*
Voy. *qua* (se
pron. *coua*).

QUA (se pron. *coua*)

Quadragénaire, *sm.*
Quadragésime, *sf.*
Quadrangulaire, *a.*
2 *g.*
Quadrature, *sf.*
Quadrilatère, *sm.*
Quadrille, *sm.*
Quadrupède, *sm.*
Quadruple, *sm.*
Quaker, *sm.*
Quatuor, *sm.*
Voy. *qua* (se
pron. *ca*).

QUIN (se pron.
cuin)

Quinquagénaire,
sm.
Quinquagésime,
sf.
Quintuple, *sm.*

RAI

Raisin, *sm.*
Raisiné, *sm.*
Voy. *re, ré, rè.*

RAN

Rance, *a.*, 2 *g.*
Rancune, *sf.*
Ranger, *v.*
Voy. *ren.*

RE

Rebuter, *v.*
Reculer, *v.*
Remarquable, *a.*,
2 *g.*
Remédier, *v.*
Remercier, *v.*
Retrancher, *v.*
Voy. *rai, ré, rè.*

RÉ

Réconcilier, *v.*
Référer, *v.*
Réformer, *v.*
Réfuter, *v.*
Régaler, *v.*
Régicide, *sm.*
Régime, *sm.*
Régler, *v.*
Régner, *v.*
Réplique, *sf.*
Répondre, *v.*
Réprimander, *v.*
République, *sf.*
Réserver, *v.*
Résider, *v.*
Résine, *sf.*
Résister, *v.*
Résoudre, *v.*
Résulter, *v.*
Rétracter, *v.*
Révérer, *v.*
Révocable, *a.*, 2 *g.*
Révolte, *sf.*
Voy. *rai, re,
rè.*

RÈ

Règle, *sf.*
Règne, *sm.*
Voy. *rai, re, ré.*

REN

Rencontre, *sf.*
Rencontrer, *v.*
Rentier, *sm.*
Rentrer, *v.*
Voy. *ran.*

RH

Rhéteur, *sm.*
Rhétoricien, *sm.*
Rhétorique, *sf.*
Rhinocéros, *sm.*
Rhombe, *sm.*
Rhubarbe, *sf.*
Rhumatisme, *sm.*
Rhume, *sm.*

RO

Robuste, *a.*, 2 *g.*
Rose, *sf.*
Roturier, *sm.*

SAN

Sandaraque, *sf.*
Sangle, *sf.*
Sanglier, *sm.*
Voy. *cen, sen.*

SAU

Sauce, *sf.*
Sauter, *v.*
Sauvage, *sm.*
Sauver, *v.*
Voy. *so.*

SC

Scalène, *a.*, 2 *g.*
Scapel, *sm.*
Scandale, *sm.*
Scapulaire, *sm.*
Scarlatine, *a. f.*
Scélérat, *sm.*

Scepticisme, *sm.*
Sceptique, *sm.*
Sceptre, *sm.*
Schelling, *sm.*
Schisme, *sm.*
Science, *sf.*
Sciure, *sf.*
Scolaire, *a.*, 2 *g.*
Scolastique, *a.*, 2 *g.*
Scolie, *sm.*
Scorbut, *sm.*
Scorpion, *sm.*
Scribe, *sm.*
Scrupule, *sm.*
Scrutateur, *sm.*
Scruter, *v.*
Scrutin, *sm.*
Sculpter, *v.*
Sculpteur, *sm.*
Sculpture, *sf.*

SE

Secourable, *a.*, 2 *g.*
Semer, *v.*
Semestre, *sm.*
Seringue, *sf.*
Sevrer, *v.*
Voy. *ce, cé, sé, sei.*

SÉ

Sécher, *v.*
Séduire, *v.*
Séjourner, *v.*
Séparer, *v.*
Sépulcre, *sm.*
Séquestre, *sm.*
Sérénade, *sf.*
Voy. *ce, cé, se, sei.*

SEI

Seigle, *sm.*
Seize, *a. n.*
Voy. *ce, cé, se, sé.*

SEN

Sensible, *a.*, 2 *g.*

Sentier, *sm.*
Sentier, *v.*
Voy. *cen, san.*

SER

Serge, *sf.*
Serpe, *sf.*
Servir, *v.*
Servitude, *sf.*
Voy. *cer.*

SI

Signaler, *v.*
Signer, *v.*
Signifier, *v.*
Similitude, *sf.*
Sinistre, *a.*, 2 *g.*
Voy. *ci.*

SO

Solide, *sm. et a.* 2 *g.*
Solitude, *sf.*
Voy. *sau.*

SP

Spacieux, *a. m.*
Spasme, *sm.*
Spatule, *sf.*
Spécialité, *sf.*
Spécieux, *a. m.*
Spécifier, *v.*
Spectacle, *sm.*
Spectateur, *sm.*
Spectre, *sm.*
Spéculation, *sf.*
Spencer, *sm.*
Sphinx, *sm.*
Spirale, *sf.*
Spiritueux, *a. m.*
Splendeur, *sf.*
Splendide, *a.*, 2 *g.*
Spolier, *v.*
Spongieux, *a. m.*
Spontané, *a. m.*

ST

Stabilité, *sf.*

Stable, *a.*, 2 *g.*
Stage, *sm.*
Stagnant, *a. m.*
Stalle, *sf.*
Stance, *sf.*
Station, *sf.*
Statistique, *sf.*
Statuaire, *sm.*
Statuer, *v.*
Stature, *sf.*
Stellionat, *sm.*
Sténographie, *sf.*
Stère, *sm.*
Stérile, *a.*, 2 *g.*
Stérilité, *sf.*
Sterling, *a. inv.*
Sternutatoire, *a.*, 2 *g.*
Stimuler, *v.*
Stipuler, *v.*
Stoff, *sm.*
Stoïcien, *sm.*
Stoïque, *a.*, 2 *g.*
Stomacal, *a. m.*
Stomachique, *a.*, 2 *g.*
Stratagème, *sm.*
Structure, *sf.*
Studieux, *a. m.*
Stupéfait, *a. m.*
Stupeur, *sf.*
Stupide, *a.*, 2 *g.*
Stupidité, *sf.*
Style, *sm.*
Stylet, *sm.*

TH

Théâtre, *sm.*
Théière, *sf.*
Thème, *sm.*
Théologie, *sf.*
Théorème, *sm.*
Théorie, *sf.*
Thermal, *a. m.*
Thermidor, *sm.*
Thermomètre, *sm.*
Thèse, *sf.*

TRAI

Traitable, *a.*, 2 *g.*
Voy. *tré, trè,
trei.*

TRÉ

Trépied, *sm.*
Trésorier, *sm.*
Voy. *trai, trè
trei.*

TRÈ

Trèfle, *sm.*
Voy. *trai, tré,
trei.*

TREI

Treize, *a. n.*
Treizième, *a. n.*
Voy. *trai, tré,
trè.*

VAN

Vandalisme, *sm.*
Voy. *ven.*

VEN

Vendange, *sf.*
Venger, *v.*
Ventôse, *sm.*
Ventriloque, *sm.*
Voy. *van.*

=====================

MOTS SE TERMINANT PAR :

A

Agenda, *sm.*
Cela, *pron.*
Duplicata, *sm.*
Falbala, *sm.*
Inca, *sm.*
Lama, *sm.*
Nota, *sm.*
Opéra, *sm.*
Papa, *sm.*
Prorata, *sm.*
Voy. *à, as, at,
ât.*

A

Déjà, *adv.*
Delà, *prép.*
Voilà, *prép.*
Voy. *a, as, at,
ât.*

AC

Bissac, *sm.*
Bivouac, *sm.*
Cornac, *sm.*
Crac, *sm.*
Estomac, *sm.*
Lac, *sm.*
Sac, *sm.*
Tabac, *sm*
Tac, *sm.*

Trictrac, *sm.*
Voy. *aque.*

ACE

Audace, *sf.*
Besace, *sf.*
Contumace, *sf.*
Coriace, *a.*, 2 *g.*
Dédicace, *sf.*
Espace, *sm.*
Face, *sf.*
Fouace, *sf.*
Glace, *sf.*
Grimace, *sf.*
Menace, *sf.*
Place, *sf.*
Populace, *sf.*
Préface, *sf.*
Race, *sf.*
Rosace, *sf.*
Surface, *sf.*
Trace, *sf.*
Vivace, *a.*, 2 *g.*
Vorace, *a.*, 2 *g.*
Voy. *âce, asse.*

ACE

Disgrâce, *sf.*
Voy. *ace, asse.*

ACT

Compact, *a. m.*

Contact, *sm.*
Exact, *a. m.*
Inexact, *a. m.*
Tact, *sm.*

AFE

Carafe, *sf.*
Girafe, *sf.*
Parafe, *sm.*
Voy. *affe, aphe.*

AFFE

Agraffe, *sf.*
Pataraffe, *sf.*
Voy. *afe, aphe.*

AI

Délai, *sm.*
Étai, *sm.*
Voy. *aie.*

AIE

Châtaigneraie, *sf.*
Craie, *sf.*
Futaie, *sf.*
Ivraie, *sf.*
Monnaie, *sf.*
Pagaie, *sf.*
Zagaie, *sf.*
Voy. *ai.*

AIGNE

Châtaigne, *sf.*
  Voy. *ègne, eigne.*

AIGRE

Aigre, *a.*, 2 *g.*
Maigre, *a.*, 2 *g.*
Vinaigre, *sm.*
  Voy. *ègre.*

AIL

Ail, *sm.*
Bail, *sm.*
Bercail, *sm.*
Bétail, *sm.*
Camail, *sm.*
Corail, *sm.*
Détail, *sm.*
Émail, *sm.*
Épouvantail, *sm.*
Éventail, *sm.*
Gouvernail, *sm.*
Poitrail, *sm.*
Portail, *sm.*
Sérail, *sm.*
Soupirail, *sm.*
Travail, *sm.*
  Voy. *aille.*

AILLE

Bataille, *sf.*
Caille, *sf.*
Canaille, *sf.*
Écaille, *sf.*
Futaille, *sf.*
Limaille, *sf.*
Médaille, *sf.*
Mitraille, *sf.*
Muraille, *sf.*
Ouaille, *sf.*
Paille, *sf.*
Semaille, *sf.*
Taille, *sf.*
Tenaille, *sf.*
Trouvaille, *sf.*
Volaille, *sf.*
  Voy. *ail.*

AIN

Airain, *sm.*
Bain, *sm.*
Chapelain, *sm.*
Dédain, *sm.*
Demain, *adv.*
Écrivain, *sm.*
Gain, *sm.*
Grain, *sm.*
Lendemain, *sm.*
Levain, *sm.*
Lointain, *sm.*
Poulain, *sm.*
Publicain, *sm.*
Quatrain, *sm.*
Refrain, *sm.*
Regain, *sm.*
Sacristain, *sm.*
Suzerain, *sm.*
Train, *sm.*
Trentain, *sm.*
  Voy. *ein, in.*

AINCRE (verbes)

Vaincre.
Convaincre.

AINDRE (verbes)

Contraindre.
Craindre.
Plaindre.
  Voy. *eindre.*

AINE

Aubaine, *sf.*
Bedaine, *sf.*
Capitaine, *sm.*
Cinquantaine, *sf.*
Domaine, *sm.*
Douzaine, *sf.*
Fontaine, *sf.*
Graine, *sf.*
Laine, *sf.*
Migraine, *sf.*
Neuvaine, *sf.*
Porcelaine, *sf.*
Quarantaine, *sf.*
Semaine, *sf.*
Soixantaine, *sf.*
Treizaine, *sf.*
Trentaine, *sf.*
  Voy. *aine, eine,*
    ène, êne, enne.

AÎNE

Dégaine, *sf.*
Gaîne, *sf.*
  Voy. *aine, eine,*
    ène, êne, enne.

AINTE

Contrainte, *sf.*
Crainte, *sf.*
  Voy. *einte.*

AIR

Éclair, *sm.*
  Voy. *aire, er, ère,*
    erre, ers, ert.

AIRE

Abécédaire, *sm.*
Adjudicataire, *sm.*
Adversaire, *sm.*
Agraire, *a.f.*
Alimentaire, *a.*,
  2 *g.*
Antiquaire, *sm.*
Arbitraire, *a.*, 2 *g.*
Brumaire, *sm.*
Calcaire, *a.*, 2 *g.*
Calvaire, *sm.*
Célibataire, *sm.*
Centenaire, *sm.*
Circulaire, *sf. et*
  a. 2 *g.*
Consulaire, *a.*, 2 *g.*
Contraire, *a.*, 2 *g.*
Corsaire, *sm.*
Déplaire, *v.*
Dépositaire, *sm.*
Dignitaire, *sm.*
Doctrinaire, *sm.*
Donataire, *sm.*
Douaire, *sm.*

Dromadaire, *sm.*
Élémentaire, *a.*, 2 *g.*
Épistolaire, *a.*, 2 *g.*
Extraire, *v.*
Extraordinaire, *a.*, 2 *g.*
Faire, *v.*
Frimaire, *sm.*
Funéraire, *a.*, 2 *g.*
Garnisaire, *sm.*
Glaire, *sf.*
Grabataire, *sm.*
Imaginaire, *a.*, 2 *g.*
Insulaire, *sm.*
Interlinéaire, *a.*, 2 *g.*
Inventaire, *sm.*
Involontaire, *a.*, 2 *g.*
Itinéraire, *sm.*
Lapidaire, *sm.*
Légataire, *s.*, 2 *g.*
Libraire, *sm.*
Linéaire, *a.*, 2 *g.*
Locataire, *sm.*
Lunaire, *a.*, 2 *g.*
Mandataire, *sm.*
Mercenaire, *sm.*
Militaire, *sm.*
Monétaire, *a.*, 2 *g.*
Mortuaire, *a.*, 2 *g.*
Mousquétaire, *sm.*
Musculaire, *a.*, 2 *g.*
Notaire, *sm.*
Numéraire, *sm.*
Octogénaire, *sm.*
Oculaire, *a.*, 2 *g.*
Ordinaire, *a.*, 2 *g.*
Originaire, *a.*, 2 *g.*
Parlementaire, *s. et a.*
Partenaire, *sm.*
Perpendiculaire, *sf. et a.*, 2 *g.*
Plaire, *v.*
Planétaire, *a.*, 2 *g.*
Poitrinaire, *sm.*

Polaire, *a.*, 2 *g.*
Populaire, *a.*, 2 *g.*
Précaire, *a.*, 2 *g.*
Préliminaire, *a.*, 2 *g.*
Primaire, *a.*, 2 *g.*
Prolétaire, *sm.*
Propriétaire, *sm.*
Récipiendaire, *sm.*
Référendaire, *sm.*
Réfractaire, *sm.*
Reliquaire, *sm.*
Reliquataire, *sm.*
Repaire, *sm.*
Rosaire, *sm.*
Salaire, *sm.*
Salutaire, *a.*, 2 *g.*
Sanctuaire, *sm.*
Sanguinaire, *a.* 2 *g.*
Satisfaire, *v.*
Secondaire, *a.*, 2 *g.*
Secrétaire, *sm.*
Sectaire, *sm.*
Sédentaire, *a.*, 2 *g.*
Séminaire, *sm.*
Septuagénaire, *sm.*
Sermonaire, *sm.*
Sexagénaire, *sm.*
Signataire, *sm.*
Sociétaire, *sm.*
Solaire, *a.*, 2 *g.*
Solidaire, *a.*, 2 *g.*
Solitaire, *s. et a.*
Soustraire, *v.*
Suaire, *sm.*
Surnuméraire, *sm.*
Téméraire, *a.*, 2 *g.*
Testamentaire, *a.*, 2 *g.*
Titulaire, *sm.*
Triangulaire, *a.*, 2 *g.*
Tributaire, *a.*, 2 *g.*
Tutélaire, *a.*, 2 *g.*
Universitaire, *a.*, 2 *g.*
Valétudinaire, *a.*, 2 *g.*

Vétérinaire, *sm.*
Vicaire, *sm.*
Vocabulaire, *sm.*
Volontaire, *a.*, 2 *g.*
Vulgaire, *sm et a.*
Vulnéraire, *sm. et a.*, 2 *g.*
Voy. *air, er, ère, erre, ers, ert.*

AIRIE

Librairie, *sf.*
Mairie, *sf.*
Métairie, *sf.*
Pairie, *sf.*
Prairie, *sf.*
Voy. *erie, érie.*

AIS

Désormais, *adv.*
Jamais, *adv.*
Laquais, *sm.*
Marais, *sm.*
Panais, *sm.*
Relais, *sm.*
Voy. *ait, aix.*

AISE

Aise, *sf. et a.*
Braise, *sf.*
Chaise, *sf.*
Fournaise, *sf.*
Glaise, *sf.*
Malaise, *sm.*
Mortaise, *sf.*
Punaise, *sf.*
Voy. *èse, eize, èze.*

AISSE

Baisse, *sf.*
Caisse, *sf.*
Voy. *èce, esse.*

AIT

Extrait, *sm.*
Forfait, *sm.*
Portrait, *sm.*
Voy. *ais, aix.*

AITE

Défaite, *sf.*
Retraite, *sf.*
Traite, *sf.*
    Voy. *ète, ête,*
    ette.

AÎTRE

Connaître, *v.*
Disparaître, *v.*
Naître, *v.*
Paître, *v.*
Renaître, *v.*
Traître, *sm.*
    Voy. *être, être,*
    ettre.

AIVE

Glaive, *sm.*
    Voy. *ève, ève.*

AIX

Paix, *sf.*
Portefaix, *sm.*
    Voy. *ais, ait.*

AL

Amiral, *sm.*
Archal, *sm.*
Arsenal, *sm.*
Bocal, *sm.*
Canal, *sm.*
Caporal, *sm.*
Cardinal, *sm.*
Cérémonial, *sm.*
Cheval, *sm.*
Fanal, *sm.*
Floréal, *sm.*
Journal, *sm.*
Madrigal, *sm.*
Maréchal, *sm.*
Métal, *sm.*
Prairial, *sm.*
Quintal, *sm.*
Régal, *sm.*
Sénéchal, *sm.*
Signal, *sm.*

Total, *sm.*
Tribunal, *sm.*
    Voy. *ale, âle, alle.*

ALE

Cabale, *sf.*
Cale, *sf.*
Capitale, *sf.*
Cavale, *sf.*
Cigale, *sf.*
Dédale, *sm.*
Diagonale, *sf.*
Digitale, *sf.*
Gale, *sf.*
Mercuriale, *sf.*
Pétale, *sm.*
    Voy. *al, âle, alle.*

ALE

Pâle, *a.,* 2 *g.*
Râle, *sm.*
    Voy. *al, ale, alle.*

ALLE

Dalle, *sf.*
Intervalle, *sm.*
    Voy. *al, ale, âle.*

AMBRE

Ambre, *sm.*
Antichambre, *sf.*
Chambre, *sf.*
    Voy. *embre.*

AME

Amalgame, *sm.*
Bigame, *s.,* 2 *g.*
Dame, *sf.*
Entame, *sf.*
Estame, *sf.*
Lame, *sf.*
Madame, *sf.*
Rame, *sf.*
Trame, *sf.*
    Voy. *âme, amme.*

AME

Ame, *sf.*

Blâme, *sm.*
Infâme, *a.,* 2 *g.*
    Voy. *ame, amme.*

AMME

Anagramme, *sf.*
Décagramme, *sm.*
Épigramme, *sf.*
Flamme, *sf.*
Gamme, *sf.*
Gramme, *sm.*
Hectogramme, *sm.*
Kilogramme, *sm.*
Myriagramme, *sm.*
Oriflamme, *sf.*
Programme, *sm.*
    Voy. *ame, âme.*

AMPE

Crampe, *sf.*
Estampe, *sf.*
Lampe, *sf.*
Rampe, *sf.*
    Voy. *empe.*

AMPLE

Ample, *a.,* 2 *g.*
    Voy. *emple.*

AN

Alcoran, *sm.*
Artisan, *sm.*
Bilan, *sm.*
Brelan, *sm.*
Cabestan, *sm.*
Cadran, *sm.*
Cancan, *sm.*
Carcan, *sm.*
Charlatan, *sm.*
Cormoran, *sm.*
Courtisan, *sm.*
Divan, *sm.*
Élan, *sm.*
Encan, *sm.*
Faisan, *sm.*
Maman, *sf.*
Milan, *sm.*
Océan, *sm.*

Ortolan , *sm.*
Orviétan. , *sm.*
Ouragan , *sm.*
Partisan , *sm.*
Pélican , *sm.*
Roman , *sm.*
Ruban , *sm.*
Safran , *sm.*
Satan , *sm.*
Soudan , *sm.*
Sultan , *sm.*
Talisman , *sm.*
Turban , *sm.*
Vétéran , *sm.*
Volcan , *sm.*
Voy. *and, ans, ant, end, ens, ent.*

AND

Gland , *sm.*
Voy. *an, ans, ant, end, ens, ent.*

ANCE

Abondance , *sf.*
Aisance , *sf.*
Avance , *sf.*
Balance , *sf.*
Bienfaisance , *sf.*
Bienséance , *sf.*
Chance , *sf.*
Circonstance , *sf.*
Concordance , *sf.*
Condoléance , *sf.*
Confiance , *sf.*
Constance , *sf.*
Contenance , *sf.*
Convenance , *sf.*
Créance , *sf.*
Déchéance ; *sf.*
Défiance , *sf.*
Délivrance , *sf.*
Dépendance , *sf.*
Discordance , *sf.*
Distance , *sf.*
Échéance , *sf.*

Élégance , *sf.*
Enfance , *sf.*
Espérance , *sf.*
Extravagance , *sf.*
Finance , *sf.*
Garance , *sf.*
Ignorance , *sf.*
Inadvertance , *sf.*
Inconstance , *sf.*
Indépendance , *sf.*
Insouciance , *sf.*
Instance , *sf.*
Intendance , *sf.*
Intolérance , *sf.*
Lance , *sf.*
Lieutenance , *sf.*
Médisance , *sf.*
Méfiance , *sf.*
Nonchalance , *sf.*
Nuance , *sf.*
Outrance , *sf.*
Persévérance , *sf.*
Plaisance , *sf.*
Préséance , *sf.*
Prestance , *sf.*
Prévenance , *sf.*
Remontrance , *sf.*
Répugnance , *sf.*
Résistance , *sf.*
Romance , *sf.*
Séance , *sf.*
Souvenance , *sf.*
Subsistance , *sf.*
Substance , *sf.*
Surabondance , *sf.*
Surintendance , *sf.*
Survivance , *sf.*
Tolérance , *sf.*
Vacance , *sf.*
Vigilance , *sf.*
Voy. *ence, ense.*

ANCHE

Branche , *sf.*
Dimanche , *sm.*
Manche , *s.,* 2 *g.*
Planche , *sf.*
Revanche , *sf.*

Tanche , *sf.*
Tranche , *sf.*
Voy. *enche.*

ANDE

Bande , *sf.*
Demande , *sf.*
Glande , *sf.*
Guirlande , *sf.*
Lande , *sf.*
Lavande , *sf.*
Multiplicande , *sm.*
Plate-bande , *sf.*
Propagande , *sf.*
Réprimande , *sf.*
Viande , *sf.*
Voy. *ende.*

ANDER

Achalander , *v.*
Demander , *v.*
Marchander , *v.*
Redemander , *v.*
Réprimander , *v.*
Voy. *ender.*

ANDRE

Épandre , *v.*
Répandre , *v.*

ANE

Banane , *sf.*
Basane , *sf.*
Bibliomane , *sm.*
Cabane , *sf.*
Caravane , *sf.*
Chicane , *sf.*
Douane , *sf.*
Frangipane , *sf.*
Organe , *sm.*
Profane , *s. et a.*
Savane , *sf.*
Soutane , *sf.*
Sultane , *sf.*
Tisane , *sf.*
Tramontane , *sf.*
Voy. *âne, anne.*

ANE

Ane, *sm.*
Crâne, *sm.*
  Voy. *ane, anne.*

ANNE

Canne, *sf.*
Panne, *sf.*
  Voy. *ane, âne.*

ANS

Dans, *prép.*
Dedans, *sm. et adv.*
  Voy. *an, and,*
  ant, end, ens,
  ent.

ANT

Aspirant, *sm.*
Célébrant, *sm.*
Conquérant, *sm.*
Courant, *sm. et*
  a. m.
Enfant, *s., 2 g.*
Garant, *sm.*
Ignorant, *sm. et*
  a. m.
Infant, *sm.*
Intolérant, *a. m.*
Odiférant, *a. m.*
Persévérant, *a. m.*
Restaurant, *sm.*
Tolérant, *a. m.*
  Voy. *an, and,*
  ans, end, ens,
  ent.

ANTE

Aliquante, *a. f.*
Amiante, *sm.*
Cinquante, *a. n.*
Courante, *sf.*
Épouvante, *sf.*
Gouvernante, *sf.*
Plante, *sf.*
Quarante, *a. n.*
Soixante, *a. n.*

Variante, *sf.*
  Voy. *ente.*

ANTER (verbes)

Enchanter.
Enfanter.
Ensanglanter.
Épouvanter.
Plaisanter.
Planter.
Replanter.
Supplanter.
Transplanter.
  Voy. *enter.*

ANTRE

Chantre, *sm.*
Diantre, *interj.*
  Voy. *entre.*

APE

Antipape, *sm.*
Chape, *sf.*
Étape, *sf.*
Pape, *sm.*
Satrape, *sm.*
Tape, *sf.*
Trape, *sf.*
  Voy. *appe.*

APHE

Autographe, *sm.*
Bibliographe, *sm.*
Biographe, *sm.*
Calligraphe, *sm.*
Épigraphe, *sf.*
Épitaphe, *sf.*
Géographe, *sm.*
Orthographe, *sf.*
Paragraphe, *sm.*
Télégraphe, *sm.*
  Voy. *afe, affe.*

APPE

Grappe, *sf.*
Nappe, *sf.*
  Voy. *ape.*

AQUE

Baraque, *sf.*
Claque, *s. 2 g.*
Macaque, *sf.*
Patraque, *sf.*
  Voy. *ac.*

AR

Cauchemar, *sm*
Nectar, *sm.*
  Voy. *ard., are,*
  arre, art.

ARD

Boulevard, *sm.*
Brancard, *sm.*
Canard, *sm.*
Égard, *sm.*
Étendard, *sm.*
Léopard, *sm.*
Liard, *sm.*
Mouchard, *sm.*
Pendard, *sm.*
Pétard, *sm.*
Renard, *sm.*
Richard, *sm.*
  Voy. *ar, are,*
  arre, art.

ARE

Avare, *sm.*
Barbare, *sm.*
Fanfare, *sf.*
Gabare, *sf.*
Gare, *interj.*
Guitare, *sf.*
Ovipare, *a 2 g.*
Rare, *a. 2 g.*
Tiare, *sf.*
Vivipare, *a. 2 g.*
  Voy. *ar, ard,*
  arre, art.

ARRE

Barre, *sf.*
Simarre, *sf.*

Tintamarre , *sm.*
Voy. *ar.* , *ard,*
are, art.

ART

Départ , *sm.*
Plupart , *sf.*
Voy, *ar* , *ard ,*
are, arre.

AS

Ananas , *sm.*
Atlas , *sm.*
Bras , *sm.*
Canevas , *sm.*
Cervelas , *sm.*
Chasselas , *sm.*
Compas , *sm.*
Coutelas , *sm.*
Damas , *sm.*
Échalas , *sm.*
Faguenas , *sm.*
Fatras , *sm.*
Frimas , *sm.*
Galetas , *sm.*
Galimatias , *sm.*
Lilas , *sm.*
Repas , *sm.*
Taffetas , *sm.*
Verglas , *sm.*
Voy. *a, à, at,*
ât.

ASSE

Bécasse , *sf.*
Bonasse , *a.,* 2 *g.*
Brasse , *sf.*
Carcasse , *sf.*
Casse , *sf.*
Chiasse , *sf.*
Classe , *sf.*
Cocasse , *a.,* 2 *g.*
Crasse , *sf.*
Crevasse , *sf.*
Cuirasse , *sf.*
Culasse , *sf.*
Échasse , *sf.*
Filasse , *sf.*

Masse , *sf.*
Paperasse , *sf.*
Parnasse , *sm.*
Potasse , *sf.*
Tasse , *sf.*
Voy. *ace , âce.*

AT

Achat , *sm.*
Aérostat , *sm.*
Apostat , *sm.*
Apostolat , *sm.*
Avocat , *sm.*
Calfat , *sm.*
Canonicat , *sm.*
Cardinalat , *sm.*
Cérat , *sm.*
Chat , *sm.*
Climat , *sm.*
Comtat , *sm.*
Concordat , *sm.*
Consulat , *sm.*
Contrat , *sm.*
Crachat , *sm.*
Diaconat , *sm.*
Doctorat , *sm.*
Ducat , *sm.*
Électorat , *sm.*
Épiscopat , *sm.*
État , *sm.*
Format , *sm.*
Goujat , *sm.*
Grenat , *sm.*
Incarnat , *sm.*
Lauréat , *sm.*
Marquisat , *sm.*
Muscat , *sm.*
Notariat , *sm.*
Noviciat , *sm.*
Odorat , *sm.*
Plagiat , *sm.*
Plat , *sm. et a. m.*
Pontificat , *sm.*
Potentat , *sm.*
Primat , *sm.*
Rabat , *sm.*
Rachat , *sm.*
Renégat , *sm.*

Résultat , *sm.*
Rosat , *a. m.*
Secrétariat , *sm.*
Séringat , *sm.*
Soldat , *sm.*
Surnumérariat , *sm.*
Triumvirat , *sm.*
Vicariat , *sm.*
Voy. *a, à, as,*
ât.

AT

Dégât , *sm.*
Voy. *a, à, as,*
at.

ATE

Acrobate , *sm.*
Antidate , *sf.*
Aristocrate , *sm.*
Aromate , *sm.*
Contre-date , *sf.*
Cravate , *sf.*
Démocrate , *sm.*
Écarlate , *sf.*
Frégate , *sf.*
Omoplate , *sf.*
Opiate , *sf.*
Ouate , *sf.*
Patate , *sf.*
Pirate , *sm.*
Rate , *sf.*
Savate , *sf.*
Vulgate , *sf.*
Voy. *atte.*

ATRE

Acariâtre , *a.,* 2 *g.*
Albâtre , *sm.*
Blanchâtre , *a.,* 2 *g.*
Bleuâtre , *a.* 2 *g.*
Grisâtre , *a.,* 2 *g.*
Iconolâtre , *sm.*
Idolâtre , *sm.*
Jaunâtre , *a.,* 2 *g.*
Marâtre , *sf.*
Mulâtre , *sm.*
Noirâtre , *a.,* 2 *g.*

Opiniâtre, a., 2 g.
Pâtre, sm.
Saumâtre, a. 2 g.
Verdâtre, a., 2 g.

ATTE

Baratte, sf.
Chatte, sf.
Jatte, sf.
Latte, sf.
Natte, sf.
   Voy. ate.

AU

Étau, sm.
Fléau, sm.
Gluau, sm.
Gruau, sm.
Sarrau, sm.
   Voy. aud, aut,
aux, eau.

AUD

Badaud, sm.
Crapaud, sm.
Soulaud, sm.
   Voy. au, aut,
aux, eau.

AUCHE

Débauche, sf.
Ébauche, sf.
Gauche, a., 2 g.
   Voy. oche.

AUDE

Chiquenaude, sf.
Émeraude, sf.
Fraude, sf.
Maraude, sf.
   Voy. ode.

AULE

Épaule, sf.
Gaule, sf.

AUME

Baume, sm.
Chaume, sm.

Psaume sm.

AUSE

Cause, sf.
Clause, sf.
Pause, sf.
   Voy. ose.

AUT

Artichaut, sm.
Boucaut, sm.
Défaut, sm.
   Voy. au, aud,
aux, eau.

AUTE

Aéronaute, sm.
Faute, sf.

AUX

Faux, sm. et a. m.
   Voy. au, aud,
aut, eau.

AX

Borax, sm.
Contumax, sm.
   Voy. axe.

AXE

Axe, sm.
Surtaxe, sf.
Taxe, sf.
   Voy. ax.

BÉE

Enjambée, sf.
Scarabée, sm.

BI

Alibi, sm.
Biribi, sm.

C (se pron.)

Arc, sm.
Bouc, sm.
Busc, sm.
Musc, sm.

Parc, sm.
   Voy. c ne se
pron. pas.

C (ne se pron. pas)

Ajonc, sm.
Banc, sm.
Broc, sm.
Clerc, sm.
Escroc, sm.
Flanc, sm.
Jonc, sm.
Marc, sm.
Tronc, sm.
   Voy. c. se pron.

CÉE

Caducée, sm.
Cétacée, sm.
Pincée, sf.
   Voy. sée.

CENT

Adjacent, a. m.
Décent, a. m.
Indécent, a. m.
Récent a. m.
   Voy. sent.

CER (verbes)

Agacer.
Dénoncer.
Amorcer.
Avancer.
Bercer.
Dépecer.
Déplacer.
Devancer.
Enfoncer.
Énoncer.
Ensemencer.
Entrelacer.
Épucer.
Exercer.
Forcer.
Froncer.
Glacer.
Lancer.

Lacer.
Menacer.
Percer.
Pincer.
Placer.
Policer.
Prononcer.
Rapiécer.
Renoncer.
Replacer.
Retracer.
Rincer.
Saucer.
Sucer.
Tracer.
   Voy. *ser.*

CHANT

Couchant, *sm.*
Penchant, *sm.*

CHÉ

Marché, *sm.*
Péché, *sm.*
   Voy. *chée, cher.*

CHÉE

Nichée, *sf.*
Ruchée, *sf.*
   Voy. *ché, cher.*

CHER

Archer, *sm.*
Bûcher, *sm.*
Clocher, *sm.*
Cocher, *sm.*
Coucher, *sm.*
Plancher, *sm.*
Rocher, *sm.*
   Voy. *ché, chée.*

CHIE

Anarchie, *sf.*
Monarchie, *sf.*

CI

Ceci, *pron.*
Ici, *adv.*
Merci, *s.,* 2 *g.*

Souci, *sm.*
Voici, *prép.*
   Voy. *cie, sie, tie*
   (se pr. *ci*), *xie.*

CIE

Esquinancie, *sf.*
Superficie, *sf.*
   Voy. *ci, sie, tie*
   (se pr. *ci*), *xie.*

CIER

Artificier, *sm.*
Audiencier, *a. m.*
Balancier, *sm.*
Créancier, *sm.*
Devancier, *sm.*
Épicier, *sm.*
Financier, *sm.*
Foncier, *a. m.*
Glacier, *sm.*
Lancier, *sm.*
Mercier, *sm.*
Officier, *sm.*
Pénitencier, *sm.*
Romancier, *sm.*
Saucier, *sm.*
Sorcier, *sm,*
   Voy, *sier.*

CIEUX *(adj. m.)*

Artificieux.
Astucieux.
Audacieux.
Avaricieux.
Capricieux.
Délicieux.
Disgrâcieux.
Judicieux.
Licencieux.
Malicieux.
Officieux.
Pernicieux.
Précieux.
Sentencieux.
Silencieux.
Soucieux.
Spacieux.

Spécieux.
Vicieux.
   Voy. *tieux.*

ÇON

Arçon, *sm.*
Caleçon, *sm.*
Colimaçon, *sm.*
Contre-façon, *sf.*
Façon, *sf.*
Garçon, *sm.*
Glaçon, *sm.*
Leçon, *sf.*
Limaçon, *sm.*
Maçon, *sm.*
Poinçon, *sm.*
Rançon, *sf.*
Tronçon, *sm.*

CUEIL

Accueil, *sm.*
Cercueil, *sm.*
Recueil, *sm.*

DANT

Abondant, *a. m.*
Adjudant, *sm.*
Cependant, *conj.*
Dépendant, *a. m.*
Indépendant, *a. m.*
Intendant, *sm.*
Pédant, *sm.*
Pendant, *sm.* et *prép.*
Prétendant, *sm.*
Surabondant, *a. m.*
Surintendant, *sm.*
   Voy. *dent.*

DÉE

Bordée, *sf.*
Coudée, *sf.*
Idée, *sf.*
Ondée, *sf.*

DENT

Chiendent, *sm.*
Curedent, *sm.*
Excédent, *sm.*

Incident, *sm.*
Président, *sm.*
Trident, *sm.*
   Voy. *dant*

DERIE

Bavarderie, *sf.*
Bouderie, *sf.*
Broderie, *sf.*
Buanderie, *sf.*
Corderie, *sf.*
Étourderie, *sf.*
Fonderie, *sf.*
Minauderie, *sf.*
Taillanderie, *sf.*
Tisseranderie, *sf.*

DI

Jeudi, *sm.*
Lundi, *sm.*
Mardi, *sm.*
Mercredi, *sm.*
Midi, *sm.*
Samedi, *sm.*
Vendredi, *sm.*
   Voy. *die.*

DIE

Comédie, *sf.*
Incendie, *sm.*
Maladie, *sf.*
Mélodie, *sf.*
Parodie, *sf.*
Perfidie, *sf.*
Prosodie, *sf.*
Rapsodie, *sf.*
Tragédie, *sf.*
   Voy. *di.*

ÉANT

Béant, *a. m.*
Bienséant, *a. m.*
Fainéant, *sm.*
Géant, *sm.*
Néant, *sm.*

EAU

Agneau, *sm.*
Bandeau, *sm.*
Bateau, *sm.*
Beau, *a. m.*
Bedeau, *sm.*
Berceau, *sm.*
Bordereau, *sm.*
Bureau, *sm.*
Cadeau, *sm.*
Cerceau, *sm.*
Cerveau, *sm.*
Chalumeau, *sm.*
Chameau, *sm.*
Chapeau, *sm.*
Chapiteau, *sm.*
Château, *sm.*
Chevreau, *sm.*
Ciseau, *sm.*
Copeau, *sm.*
Corbeau, *sm.*
Cordeau, *sm.*
Côteau, *sm.*
Couteau, *sm.*
Créneau, *sm.*
Drapeau, *sm.*
Écheveau, *sm.*
Écriteau, *sm.*
Étourneau, *sm.*
Fardeau, *sm.*
Fourneau, *sm.*
Fuseau, *sm.*
Gâteau, *sm.*
Godiveau, *sm.*
Jumeau, *sm.*
Manteau, *sm.*
Marteau, *sm.*
Moineau, *sm.*
Monceau, *sm.*
Morceau, *sm.*
Museau, *sm.*
Naseau, *sm.*
Niveau, *sm.*
Nouveau, *a. m.*
Oiseau, *sm.*
Pinceau, *sm.*
Plateau, *sm.*
Poteau, *sm.*
Pourceau, *sm.*
Pruneau, *sm.*
Radeau, *sm.*

Rameau, *sm.*
Rideau, *sm.*
Roseau, *sm.*
Rouleau, *sm.*
Soliveau, *sm.*
Sureau, *sm.*
Tableau, *sm.*
Taureau, *sm.*
Traîneau, *sm.*
Tréteau, *sm.*
Troupeau, *sm.*
Trumeau, *sm.*
Veau, *sm.*
   Voy. *au, aud,*
   aut, aux.

ÈBRE

Algèbre, *sf.*
Célèbre, *a.,* 2 *g.*
Funèbre, *a.,* 2 *g.*
Vertèbre, *sf.*
Zèbre, *sm.*

EC

Avec, *prép.*
Bec, *sm.*
Échec, *sm.*
Grec, *sm.*
Sec, *a. m.*

ÈCE

Espèce, *sf.*
Nièce, *sf.*
Pièce, *sf.*
   Voy. *esse.*

ÈCHE

Brèche, *sf.*
Calèche, *sf.*
Flèche, *sf.*
Mèche, *sf.*
   Voy. *êche.*

ÊCHE

Bêche, *sf.*
Blêche, *a.,* 2 *g.*
Bobêche, *sf.*
Crêche, *sf.*
Dépêche, *sf.*

Pêche, sf.
Prêche, sm.
Revêche, a., 2 g.
    Voy. èche.

ECT

Abject, a. m.
Aspect, sm.
Circonspect, a. m.
Correct, a. m.
Direct, a m.
Indirect, a. m.
Infect, a. m.
Suspect, a. m.
    Voy. ecte.

ECTE

Architecte, sm.
Dialecte, sm.
Insecte, sm.
Secte, sf.
    Voy. ect.

ÈDE

Bipède, sm.
Intermède, sm.
Remède, sm.
Tiède, a., 2 g.

ÈDRE

Cèdre, sm.
Dodécaèdre, sm.
Exaèdre, sm.
Octaèdre, sm.

ÉER (verbes)

Agréer.
Gréer.
Gréer.
Procréer.
Récréer.
Suppléer.

EF

Chef, sm.
Fief, sm.
Nef, sf.
Relief, sm.

ÉGE

Barrége, sm.
Collége, sm.
Cortége, sm.
Liége, sm.
Manége, sm.
Piége, sm.
Privilége, sm.
Sacrilége, sm.
Siége, sm.
Solfége, sm.
Sortilége, sm.
    Voy. eige.

ÈGNE

Règne, sm.
    Voy. aigne, eigne.

ÈGRE

Intègre, a., 2 g.
Nègre, sm.
    Voy. aigre.

EIGE

Neige, sf.
    Voy. ége.

EIGNE

Enseigne, sf.
Peigne, sm.
Teigne, sf.
    Voy. aigne, ègne.

EIL

Conseil, sm.
Éveil, sm.
Orteil, sm.
Réveil, sm.
Soleil, sm.
Sommeil, sm.
    Voy. eille.

EILLE

Abeille, sf.
Bouteille, sf.
Corbeille, sf.

Corneille, sf.
Groseille, sf.
Merveille, sf.
Oreille, sf.
Oseille, sf.
Surveille, sf.
Treille, sf.
Veille, sf.
    Voy. eil.

EIN

Frein, sm.
    Voy. ain, in.

EINDRE (verbes)

Astreindre.
Atteindre.
Ceindre.
Dépeindre.
Enceindre.
Enfreindre.
Éteindre.
Étreindre.
Feindre.
Peindre.
Restreindre.
Teindre.
    Voy. aindre.

EINE

Aveine, sf.
Baleine, sf.
Verveine, sf.
    Voy. aine, aîne,
    ène, êne, enne.

EINTE

Enceinte, sf.
Feinte, sf.
Teinte, sf.
    Voy. ainte.

EIZE

Seize, a. n.
Treize, a. n.
    Voy. èse, èze.

EL

Cartel, *sm.*
Casuel, *sm.*
Cheptel, *sm.*
Ciel, *sm.*
Colonel, *sm.*
Dégel, *sm.*
Fiel, *sm.*
Graduel, *sm.*
Manuel, *sm.*
Miel, *sm.*
Pluriel, *sm.*
    Voy. *èle, êle, elle.*

ÈLE

Modèle, *sm.*
Zèle, *sm.*
    Voy. *el, êle, elle.*

ÊLE

Frêle, *a., 2 g.*
Grêle, *sf.*
    Voy. *el, èle, elle.*

ELER (verbes)

Amonceler.
Appeler.
Atteler.
Botteler.
Canneler.
Carreler.
Chanceler.
Ciseler.
Colleter.
Congeler.
Décarreler.
Déceler.
Dégeler.
Dételer.
Écarteler.
Ensorceler.
Épeler.
Étinceler.
Ficeler.
Geler.
Interpeler.
Modeler.

Morceler.
Niveler.
Peler.
Rappeler.
Râteler.
Recéler.
Renouveler.
Ressemeler.
Ruisseler.

    Voy. *éler.*

ÉLER (verb.)

Révéler.
    Voy. *eler.*

ELLE

Bagatelle, *sf.*
Bretelle, *sf.*
Cervelle, *sf.*
Chandelle, *sf.*
Chapelle, *sf.*
Citadelle, *sf.*
Curatelle, *sf.*
Demoiselle, *sf.*
Dentelle, *sf.*
Échelle, *sf.*
Écuelle, *sf.*
Étincelle, *sf.*
Femelle, *sf.*
Ficelle, *sf.*
Filosélle, *sf.*
Flanelle, *sf.*
Gabelle, *sf.*
Gamelle, *sf.*
Javelle, *sf.*
Jumelle, *sf.*
Libelle, *sm.*
Mademoiselle, *sf.*
Mamelle, *sf.*
Manivelle, *sf.*
Nacelle, *sf.*
Nouvelle, *sf.*
Parcelle, *sf.*
Pelle, *sf.*
Prunelle, *sf.*
Querelle, *sf.*
Rebelle, *sm.*

Rouelle, *sf.*
Ruelle, *sf.*
Sauterelle, *sf.*
Semelle, *sf.*
Sentinelle, *sf.*
Tourelle, *sf.*
Tourterelle, *sf.*
Truelle, *sf.*
Tutelle, *sf.*
Venelle, *sf.*
Vielle, *sf.*
    Voy. *el, èle, êle.*

EMBRE

Décembre, *sm.*
Gingembre, *sm.*
Membre, *sm.*
Novembre, *sm.*
Septembre, *sm.*
    Voy. *ambre.*

ÈME

Cinquième, *a. n.*
Deuxième, *a. n.*
Pénultième, *sm.*
Poème, *sm.*
Quantième, *sm.*
Quarantième, *a. n.*
Quatrième, *a. n.*
Sixième, *a. n.*
Troisième, *a. n.*
    Voy. *ême, emme.*

ÊME

Barême, *sm.*
Blême, *a.; 2 g.*
Carême, *sm.*
Diadême, *sm.*
Extrême, *a., 2 g.*
Même, *a. et adv.*
Problême, *sm.*
Suprême, *a., 2 g.*
    Voy. *ème, emme.*

EMME

Dilemme, *sm.*
Gemme, *sf.*

Lemme, *sm.*
  Voy. *ème, ême.*

EMPE

Tempe, *sf.*
Trempe, *sf.*
  Voy. *ampe.*

EMPLE

Exemple, *s.*, 2 *g.*
Temple, *sm.*
  Voy. *ample.*

ENCE

Absence, *sf.*
Abstinence, *sf.*
Agence, *sf.*
Audience, *sf.*
Cadence, *sf.*
Carence, *sf.*
Circonférence, *sf.*
Clémence, *sf.*
Conférence, *sf.*
Confidence, *sf.*
Conséquence, *sf.*
Continence, *sf.*
Corpulence, *sf.*
Décadence, *sf.*
Décence, *sf.*
Déférence, *sf.*
Démence, *sf.*
Diligence, *sf.*
Éloquence, *sf.*
Éminence, *sf.*
Évidence, *sf.*
Exigence, *sf.*
Existence, *sf.*
Expérience, *sf.*
Inclémence, *sf.*
Inconséquence, *sf.*
Incontinence, *sf.*
Indécence, *sf.*
Indigence, *sf.*
Indolence, *sf.*
Indulgence, *sf.*
Inexpérience, *sf.*
Influence, *sf.*
Insolence, *sf.*

Jurisprudence, *sf.*
Licence, *sf.*
Magnificence, *sf.*
Munificence, *sf.*
Négligence, *sf.*
Opulence, *sf.*
Pénitence, *sf.*
Permanence, *sf.*
Potence, *sf.*
Prééminence, *sf.*
Préexistence, *sf.*
Préférence, *sf.*
Présence, *sf.*
Présidence, *sf.*
Providence, *sf.*
Prudence, *sf.*
Régence, *sf.*
Résidence, *sf.*
Révérence, *sf.*
Semence, *sf.*
Sentence, *sf.*
Silence, *sm.*
Transparence, *sf.*
Urgence, *sf.*
Véhémence, *sf.*
Violence, *sf.*
  Voy. *ance, ense.*

ENCHE

Pervenche, *sf.*
  Voy. *anche.*

END

Révérend, *sm.*
  Voy. *an, and,*
  ans, ant, ens,
  ent.

ENDE

Dividende, *sm.*
Légende, *sf.*
  Voy. *ande.*

ENDER

Appréhender, *v.*
  Voy. *ander.*

ENDRE

Cendre, *sf.*
Défendre, *v.*
Dépendre, *v.*
Entendre, *v.*
Entreprendre, *v.*
Étendre, *v.*
Fendre, *v.*
Genre, *sm.*
Pendre, *v.*
Prétendre, *v.*
Rendre, *v.*
Reprendre, *v.*
Surprendre, *v.*
Suspendre, *v.*
Tendre, *a.*, 2 *g.*
Vendre, *v.*
  Voy. *andre.*

ÈNE

Arène, *sf*
Carène, *sf.*
Ébène, *sf.*
Énergumène, *sm.*
Gangrène, *sf.*
Platène, *sf.*
Sirène, *sf.*
  Voy. *aine, aîne,*
  eine, ène, enne.

ÊNE

Gêne, *sf.*
  Voy. *aine, aîne,*
  eine, ène, enne.

ENNE

Antenne, *sf.*
Antienne, *sf.*
Couenne, *sf.*
Chienne, *sf.*
Étrenne, *sf.*
Garenne, *sf.*
Indienne, *sf.*
Julienne, *sf.*
Méridienne, *sf.*
Mordienne, *adv.*
  Voy. *aine, aîne,*
  eine, ène, êne.

ENS

Contresens , *sm.*
  Voy. *an , and ,*
  ans , ant , end ,
  ent.

ENSE

Défense , *sf.*
Dépense , *sf.*
Dispense , *sf.*
Intense , *a.,* 2 *g.*
  Voy. *ance, ence.*

ENT

Adhérent , *a. m.*
Transparent , *sm.*
  et a. m.
  Voy. *an , and ,*
  ans , ant , end ,
  ens.

ENTE

Charpente , *sf.*
Détente , *sf.*
Entente , *sf.*
Fente , *sf.*
Fiente , *sf.*
Lente , *sf.*
Patente , *sf.*
Pente , *sf.*
Rente , *sf.*
Soupente , *sf.*
Tangente , *sf.*
Tourmente , *sf.*
Trente , *a. n.*
Vente , *sf.*
  Voy. *ante.*

ENTER *(verbes)*

s'Absenter.
Argumenter.
Arpenter.
Augmenter.
Aventurer.
Commenter.
Complimenter.
Contenter.

Fermenter.
Fomenter.
Fréquenter.
Impatienter.
Instrumenter.
Inventer.
se Lamenter.
Mécontenter.
Orienter.
Patienter.
Présenter.
Régenter.
Représenter.
Tourmenter.
  Voy. *anter.*

ENTRE

Centre , *sm.*
Ventre , *sm.*
  Voy. *antre.*

ÉON

Caméléon , *sm.*
Odéon , *sm.*

ER (r *se pron.*)

Amer, *a. m.*
Belvéder, *sm.*
Cancer, *sm.*
Enfer, *sm.*
Éther, *sm.*
Fier, *a. m.*
Hier, *adv.*
Hiver, *sm.*
Lucifer, *sm.*
Mâchefer, *sm.*
Outremer, *sm.*
  Voy. *air , aire ,*
  ère , erre , ers ,
  ert.

ERCE

Tierce, *sf.*
  Voy. *erse.*

ÈRE

Adultère , *s.,* 2 *g.*
Artère , *sf.*

Austère , *a. ,* 2 *g.*
Baptistère , *sm.*
Caractère , *sm.*
Cautère , *sm.*
Cerbère , *sm.*
Chimère , *sf.*
Colère , *sf.*
Confrère , *sm.*
Cratère , *sm.*
Enchère , *sf.*
Fougère , *sf.*
Frère , *sm.*
Galère , *sf.*
Lingère , *sf.*
Ministère , *sm.*
Misère , *sf.*
Monastère , *sm.*
Primevère , *sf.*
Prospère , *a.,* 2 *g.*
Reverbère , *sm.*
Sévère , *a.,* 2 *g.*
Sincère , *a.,* 2 *g.*
Surenchère , *sf.*
Ulcère , *sm.*
Vipère , *sf.*
  Voy. *air , aire ,*
  er , erre , ers ,
  ert.

ERIE

Aumônerie , *sf.*
Bergerie , *sf.*
Boucherie , *sf.*
Boulangerie , *sf.*
Conciergerie , *sf.*
Coquinerie , *sf.*
Draperie , *sf.*
Épicerie , *sf.*
Escroquerie , *sf.*
Fourberie , *sf.*
Friperie , *sf.*
Gaucherie , *sf.*
Imprimerie , *sf.*
Infirmerie , *sf.*
Ivrognerie , *sf.*
Juiverie , *sf.*
Lingerie , *sf.*
Ménagerie , *sf.*

Méauiserie, *sf.*
Moquerie, *sf.*
Niaiserie, *sf.*
Orangerie, *sf.*
Orfèvrerie, *sf.*
Pâtisserie, *sf.*
Rêverie, *sf.*
Singerie, *sf.*
Sucrerie, *sf.*
Supercherie, *sf.*
Teinturerie, *sf.*
Trésorerie, *sf.*
Tricherie, *sf.*
Tromperie, *sf.*
Verrerie, *sf.*
Vinaigrerie, *sf.*
Vitrerie, *sf.*
    Voy. *airie, érie.*

ÉRIE

Confrérie, *sf.*
Intempérie, *sf.*
    Voy. *airie, érie.*

ERON

Biberon, *sm.*
Bûcheron, *sm.*
Éperon, *sm.*
Forgeron, *sm.*
Moucheron, *sm.*
Puceron, *sm.*
Quarteron, *sm.*
Vigneron, *sm.*
    Voy. *ron.*

ERRE

Cimeterre, *sm.*
Équerre, *sf.*
Fumeterre, *sf.*
Lierre, *sm.*
Parterre, *sm.*
Pierre, *sf.*
    Voy. *air, aire,*
    er, ère, ers, ert.

ERS

Convers, *a. m.*
Divers, *a. m.*

Pervers, *a. m.*
Revers, *sm.*
Tiers, *sm.*
Travers, *sm.*
Univers, *sm.*
    Voy. *air, aire,*
    er, ère, erre, ert.

ERSE

Adverse, *a., 2 g.*
Averse, *sf.*
Controverse, *sf.*
Inverse, *sf. et a.,*
    2 g.
Traverse, *sf.*
    Voy. *erce.*

ERT

Concert, *sm.*
Couvert, *sm. et*
    a. m.
Désert, *sm. et a. m.*
Pivert, *sm.*
    Voy. *air, aire,*
    er, ère, erre,
    ers.

ÈS

Accès, *sm.*
Aloès, *sm.*
Auprès, *prép.*
Congrès, *sm.*
Décès, *sm.*
Excès, *sm.*
Exprès, *sm. et a. m.*
Procès, *sm.*
Progrès, *sm.*
Succès, *sm.*

ÈSE

Diocèse, *sm.*
Genèse, *sf.*
    Voy. *eize, èze.*

ESSE

Adresse, *sf.*
Aînesse, *sf.*
Altesse, *sf.*

Anesse, *sf.*
Caresse, *sf.*
Comtesse, *sf.*
Délicatesse, *sf.*
Détresse, *sf.*
Duchesse, *sf.*
Faiblesse, *sf.*
Fesse, *sf.*
Finesse, *sf.*
Forteresse, *sf.*
Indélicatesse, *sf.*
Ivresse, *sf.*
Jeunesse, *sf.*
Justesse, *sf.*
Impolitesse, *sf.*
Largesse, *sf.*
Maîtresse, *sf.*
Messe, *sf.*
Noblesse, *sf.*
Paresse, *sf.*
Pécheresse, *sf.*
Petitesse, *sf.*
Politesse, *sf.*
Presse, *sf.*
Princesse, *sf.*
Promesse, *sf.*
Prouesse, *sf.*
Richesse, *sf.*
Rudesse, *sf.*
Sagesse, *sf.*
Sécheresse, *sf.*
Souplesse, *sf.*
Tendresse, *sf.*
Tresse, *sf.*
Tristesse, *sf.*
Vitesse, *sf.*
    Voy. *aisse, èce.*

ET

Banquet, *sm.*
Baquet, *sm.*
Barbet, *sm.*
Baudet, *sm.*
Bosquet, *sm.*
Bouquet, *sm.*
Brevet, *sm.*
Briquet, *sm.*
Brochet, *sm.*

Budget, *sm.*
Cabinet, *sm.*
Carnet, *sm.*
Chenet, *sm.*
Chevet, *sm.*
Civet, *sm.*
Colifichet, *sm.*
Corset, *sm.*
Cotret, *sm.*
Creuset, *sm.*
Déchet, *sm.*
Duvet, *sm.*
Fleuret, *sm.*
Fouet, *sm.*
Friquet, *sm.*
Furet, *sm.*
Gibet, *sm.*
Guet, *sm.*
Guichet, *sm.*
Lacet, *sm.*
Loquet, *sm.*
Marmouset, *sm.*
Martinet, *sm.*
Muguet, *sm.*
Muscadet, *sm.*
Navet, *sm.*
Objet, *sm.*
Paquet, *sm.*
Parapet, *sm.*
Parquet, *sm.*
Pet, *sm*
Piquet, *sm.*
Préfet, *sm.*
Quinquet, *sm.*
Robinet, *sm.*
Secret, *sm.*
Sobriquet, *sm.*
Tabouret, *sm.*
Tourniquet, *sm.*
Trajet, *sm.*
Trébuchet, *sm.*
Voy. êt, ets.

ÊT

Acquêt, *sm.*
Benêt, *sm.*
Genêt, *sm.*
Intérêt, *sm.*

Prêt, *sm.*
Protêt, *sm.*
Voy. et, ets.

ÈTE

Arbalète, *sf.*
Centripète, *a.*, 2 *g.*
Diète, *sf.*
Comète, *sf.*
Interprète, *sm.*
Planète, *sf,*
Poète, *sm.*
Silhouète, *sf.*
Voy. aile, aîte,
ète, ette.

ÊTE

Arête, *sf.*
Conquête, *sf.*
Crête, *sf.*
Enquête, *sf.*
Quête, *sf.*
Requête, *sf.*
Tête, *sf.*
Voy. aite, aîte,
ète, ette.

ETER (verbes)

Acheter.
Caqueter.
Colleter.
Crocheter.
Décréter.
Étiqueter.
Fureter.
Interjeter.
Jeter.
Parqueter.
Projeter.
Racheter.
Rejeter.
Souffleter.
Trompeter.
Voy. éter.

ÉTER (verbes)

Compléter.
Décréter.

Empiéter,
Fréter.
Inquiéter.
Interpréter.
Répéter.
Végéter.
Voy. eter.

ÊTRE

Aéromètre, *sm.*
Baromètre, *sm.*
Diamètre, *sm.*
Voy. aître, être,
ettre.

ÊTRE

Fenêtre, *sf.*
Gouêtre, *sm.*
Guêtre, *sf.*
Prêtre, *sm.*
Salpêtre, *sm.*
Voy. aître, être,
ettre.

ETS

Entremets, *sm.*
Voy. et, êt.

ETTE

Alouette, *sf.*
Amourette, *sf.*
Ariette, *sf.*
Baguette, *sf.*
Bandelette, *sf.*
Banquette, *sf.*
Belette, *sf.*
Blanquette, *sf.*
Bluette, *sf.*
Boulette, *sf.*
Bourcette, *sf.*
Brochette, *sf.*
Brouette, *sf.*
Burette, *sf.*
Buvette, *sf.*
Cachette, *sf.*
Casquette, *sf.*
Chevrette, *sf.*
Clarinette, *sf.*

Clochette, *sf.*
Corvette, *sf.*
Côtelette, *sf.*
Couchette, *sf.*
Couette, *sf.*
Courbette, *sf.*
Cuvette, *sf.*
Dette, *sf.*
Disette, *sf.*
Épaulette, *sf.*
Épinglette, *sf.*
Espagnolette, *sf.*
Estafette, *sf.*
Étiquette, *sf.*
Facette, *sf.*
Fauvette, *sf.*
Fleurette, *sf.*
Fourchette, *sf.*
Galette, *sf.*
Girouette, *sf.*
Goëlette, *sf.*
Grisette, *sf.*
Guinguette, *sf.*
Jaquette, *sf.*
Lancette, *sf.*
Levrette, *sf.*
Lorgnette, *sf.*
Luette, *sf.*
Lunette, *sf.*
Manchette, *sf.*
Miette, *sf.*
Musette, *sf.*
Navette, *sf.*
Noisette, *sf.*
Omelette, *sf.*
Palette, *sf.*
Pirouette, *sf.*
Planchette, *sf.*
Poudrette, *sf.*
Recette, *sf.*
Roulette, *sf.*
Serinette, *sf.*
Serpette, *sf.*
Serviette, *sf.*
Soubrette, *sf.*
Squélette, *sf.*
Tablette, *sf.*
Targette, *sf.*

Toilette, *sf.*
Védette, *sf.*
Vergette, *sf.*
Vignette, *sf.*
Vinaigrette, *sf.*
Violette, *sf.*
   Voy. *aite*, *aîte*,
   ète, *ête*.

ETTRE

Démettre, *v.*
Émettre, *v.*
Lettre, *sf.*
Omettre, *v.*
Permettre, *v.*
Promettre, *v.*
Remettre, *v.*
Soumettre, *v.*
Transmettre, *v.*
   Voy. *aître*, *être*,
   être.

EU

Aveu, *sm.*
Bleu, *a. m.*
Cheveu, *sm.*
Désaveu, *sm.*
Dieu, *sm.*
Enjeu, *sm.*
Feu, *sm.*
Jeu, *sm.*
Milieu, *sm.*
Morbleu, *interj.*
Neveu, *sm.*
Parbleu, *interj.*
Peu, *adv.*
Ventrebleu, *interj.*
   Voy. *eue.*

EUE

Banlieue, *sf.*
Queue, *sf.*
   Voy. *eu.*

EUIL

Bouvreuil, *sm.*
Cerfeuil, *sm.*
Chevreuil, *sm.*
Deuil, *sm.*

Écureuil, *sm.*
Fauteuil, *sm.*
Orgueil, *sm.*
Seuil, *sm.*
   Voy. *euille.*

EUILLE

Chèvrefeuille, *sf.*
Feuille, *sf.*
Portefeuille, *sf.*
   Voy. *euil.*

EUL

Épagneul, *sm.*
Linceul, *sm.*
   Voy. *eule.*

EULE

Bégueule, *sf.*
Gueule, *sf.*
Meule, *sf.*
   Voy. *eul.*

EUR

Abréviateur, *sm.*
Acheteur, *sm.*
Acquéreur, *sm.*
Acteur, *sm.*
Administrateur, *s. m.*
Admirateur, *sm.*
Adorateur, *sm.*
Adulateur, *sm.*
Aigreur, *sf.*
Amateur, *sm.*
Ardeur, *sf.*
Armateur, *sm.*
Arpenteur, *sm.*
Auditeur, *sm.*
Baigneur, *sm.*
Bienfaiteur, *sm.*
Blancheur, *sf.*
Bonheur, *sm.*
Brodeur, *sm.*
Buveur, *sm.*
Calculateur, *sm.*
Calomniateur, *sm.*
Candeur, *sf.*
Censeur, *sm.*

Chaleur, *sf.*
Chanteur, *sm.*
Clameur, *sf.*
Colporteur, *sm.*
Conducteur, *sm.*
Confiseur, *sm.*
Conservateur, *sm.*
Consolateur, *sm.*
Conspirateur, *sm.*
Constructeur, *sm.*
Continuateur, *sm.*
Contrôleur, *sm.*
Couleur, *sf.*
Couvreur, *sm.*
Créateur, *sm.*
Crieur, *sm.*
Crocheteur, *sm.*
Cultivateur, *sm.*
Curateur, *sm.*
Danseur, *sm.*
Débiteur, *sm.*
Défendeur, *sm.*
Défenseur, *sm.*
Délateur, *sm.*
Demandeur, *sm.*
Dénominateur, *sm.*
Dénonciateur, *sm.*
Destructeur, *sm.*
Détenteur, *sm.*
Détracteur, *sm.*
Dictateur, *sm.*
Directeur, *sm.*
Diviseur, *sm.*
Docteur, *sm.*
Doreur, *sm.*
Douceur, *sf.*
Douleur, *sf.*
Éditeur, *sm.*
Électeur, *sm.*
Enchanteur, *sm.*
Entrepreneur, *sm.*
Équateur, *sm.*
Escamoteur, *sm.*
Examinateur, *sm.*
Exécuteur, *sm.*
Exterminateur, *a.*,
   2 *g.*
Facteur, *sm.*

Farceur, *sm.*
Faveur, *sf.*
Ferveur, *sf.*
Fleur, *sf.*
Fondateur, *sm.*
Fraîcheur, *sf.*
Fraudeur, *sm.*
Froideur, *sf.*
Fumeur, *sm.*
Fureur, *sf.*
Gladiateur, *sm.*
Ingénieur, *sm.*
Inspecteur, *sm.*
Instituteur, *sm.*
Joueur, *sm.*
Laideur, *sf.*
Langueur, *sf.*
Largeur, *sf.*
Lecteur, *sm.*
Législateur, *sm.*
Lenteur, *sf.*
Libérateur, *sm.*
Licteur, *sm.*
Liqueur, *sf.*
Longueur, *sf.*
Lueur, *sf.*
Maigreur, *sf.*
Malheur, *sm.*
Médiateur, *sm.*
Moniteur, *sm.*
Noirceur, *sf.*
Numérateur, *sm.*
Odeur, *sf.*
Oiseleur, *sm.*
Orateur, *sm.*
Pacificateur, *sm.*
Paleur, *sf.*
Percepteur, *sm.*
Persécuteur, *sm.*
Perturbateur, *sm.*
Pesanteur, *sf.*
Précepteur, *sm.*
Profondeur, *sf.*
Protecteur, *sm.*
Puanteur, *sf.*
Pudeur, *sf.*
Raideur, *sf.*
Recteur, *sm.*

Rédacteur, *sm.*
Relieur, *sm.*
Remouleur, *sm.*
Réparateur, *sm.*
Repétiteur, *sm.*
Restaurateur, *sm.*
Rondeur, *sf.*
Rougeur, *sf.*
Rumeur, *sf.*
Sanctificateur, *sm.*
Sectateur, *sm.*
Séducteur, *sm.*
Seigneur, *sm.*
Sénateur, *sm.*
Souscripteur, *sm.*
Sueur, *sf.*
Tentateur, *sm.*
Testateur, *sm.*
Traiteur, *sm.*
Vainqueur, *sm.*
Valeur, *sf.*
Vapeur, *sf.*
Vendangeur, *sm.*
Vérificateur, *sm.*
Versificateur, *sm.*
Vigueur, *sf.*
Zélateur, *sm.*
  Voy. *eure, eurre.*

EURE

Demeure, *sf.*
  Vay. *eur, eurre.*

EURRE

Beurre, *sm.*
Leurre, *sm.*
  Voy. *eur, eure.*

ÈVE

Élève, *s.,* 2 *g.*
Fève, *sf.*
Grève, *sf.*
Sève, *sf.*
Trève, *sf.*
  Voy. *aivè, êve.*

ÊVE

Rêve, *sm.*
  Voy. *aive, èvè.*

ÈVRE

Chèvre, *sf.*
Fièvre, *sf.*
Génièvre, *sm.*
Lèvre, *sf.*
Orfèvre, *sm.*

ÈZE

Trapèze, *sm.*
  Voy. *èse, eize.*

GANT

Gant, *sm.*
Extravagant, *sm.*
Intrigant, *sm.*
  Voy. *guent.*

GÉ

Abrégé, *sm.*
Clergé, *sm.*
Congé, *sm.*
Préjugé, *sm.*
  Voy. *gée, ger.*

GÉE

Apogée, *sm.*
Dragée, *sf.*
Gorgée, *sf.*
Périgée, *sm.*
Rangée, *sf.*
  Voy. *gé, ger.*

GENT

Agent, *sm.*
Astringent, *a. m.*
Contingent, *sm.*
Diligent, *a. m.*
Indigent, *a. m.*
Indulgent, *a. m.*
Négligent, *a., m.*
Régent, *sm.*
Sergent, *sm.*
Urgent, *a., m.*

GEON

Bourgeon, *sm.*
Drageon, *sm.*
Esturgeon, *sm.*

Pigeon, *sm.*
Plongeon, *sm.*
Sauvageon, *sm.*
  Voy. *jon.*

GER

Berger, *sm.*
Boulanger, *sm.*
Danger, *sm.*
Étranger, *sm.*
Oranger, *sm.*
Potager, *sm.*
Verger, *sm.*
  Voy. *gé, gée.*

GIÉ

Analogie, *sf.*
Apologie, *sf.*
Astrologie, *sf.*
Bougie, *sf.*
Chirurgie, *sf.*
Élégie, *sf.*
Énergie, *sf.*
Généalogie, *sf.*
Liturgie, *sf.*
Magie, *sf.*
Minéralogie, *sf.*
Orgie, *sf.*

GNÉE

Araignée, *sf.*
Cognée, *sf.*

GUENT

Onguent, *sm.*
  Voy. *gant.*

IAIRE

Auxiliaire, *a., 2 g.*
Bénéficiaire, *a., 2 g.*
Bréviaire, *sm.*
Incendiaire, *s., 2 g.*
Intermédiaire, *s. et a., 2 g.*
Judiciaire, *a., 2 g.*
Mobiliaire, *a., 2 g.*
Pécuniaire, *a., 2 g.*
Plagiaire, *sm.*

Subsidaire, *a., 2 g.*
Vendémiaire, *sm.*
  Voy. *ière.*

IANT

Confiant, *a. m.*
Conciliant, *a. m.*
Défiant, *a. m.*
Édifiant, *a. m.*
Étudiant, *sm.*
Insouciant, *a. m.*
Méfiant, *a. m.*
Mortifiant, *a. m.*
Négociant, *sm.*
  Voy. *ient.*

IC

Agaric, *sm.*
Alambic, *sm.*
Arsenic, *sm.*
Aspic, *sm.*
Mastic, *sm.*
Pronostic, *sm.*
Public, *sm. et a. m.*
Tic, *sm.*
Trafic, *sm.*
  Voy. *ique.*

ICE

Artifice, *sm.*
Aruspice, *sm.*
Avarice, *sf.*
Bénéfice, *sm.*
Calice, *sm.*
Caprice, *sm.*
Cicatrice, *sf.*
Cilice, *sm.*
Délice, *sm.*
Édifice, *sm.*
Épice, *sf.*
Exercice, *sm.*
Factice, *a., 2 g.*
Frontispice, *sm.*
Impératrice, *sf.*
Indice, *sm.*
Injustice, *sf.*
Justice, *sf.*
Maléfice, *sm.*

Malice, *sf.*
Milice, *sf.*
Notice, *sf.*
Novice, *sm.*
Police, *sf.*
Précipice, *sm.*
Préjudice, *sm.*
Propice, *a,, 2 g.*
Sacrifice, *sm.*
Service, *sm.*
Solstice, *sm.*
Varice, *sf.*
   Voy *isse.*

IEN

Académicien, *sm.*
Aérien, *a. m.*
Cartésien, *sm.*
Chien, *sm.*
Chirurgien, *sm.*
Entretien, *sm.*
Épicurien, *sm.*
Galérien, *sm.*
Gardien, *sm.*
Logicien, *sm.*
Magicien, *sm.*
Maintien, *sm.*
Mécanicien, *sm.*
Méridien, *sm.*
Musicien, *sm.*
Opticien, *sm.*
Oratorien, *sm.*
Praticien, *sm.*
Rien, *sm.*
Soutien, *sm.*
Vaurien, *sm.*
   Voy. *yen.*

IENT

Client, *sm.*
Émolient, *sm.*
Expédient, *sm.*
Inconvénient, *sm.*
Ingrédient, *sm.*
Orient, *sm.*
Récipient, *sm.*
   Voy. *iant.*

IÈRE

Aiguière, *sf.*
Bandoulière, *sf.*
Bière, *sf.*
Charnière, *sf.*
Chatière, *sf.*
Chaudière, *sf.*
Chaumière, *sf.*
Cimetière, *sm.*
Civière, *sf.*
Couturière, *sf.*
Crinière, *sf.*
Croisière, *sf.*
Croupière, *sf.*
Filière, *sf.*
Fondrière, *sf.*
Fourmilière, *sf.*
Frontière, *sf.*
Gibecière, *sf.*
Glacière, *sf.*
Laitière, *sf.*
Lavandière, *sf.*
Lisière, *sf.*
Litière, *sf.*
Lumière, *sf.*
Manière, *sf.*
Matière, *sf.*
Ornière, *sf.*
Ouvrière, *sf.*
Paupière, *sf.*
Pépinière, *sf.*
Plénière, *a. f.*
Poivrière, *sf.*
Portière, *sf.*
Poudrière, *sf.*
Prière, *sf.*
Ratière, *sf.*
Rentière, *sf.*
Rivière, *sf.*
Rosière, *sf.*
Roturière, *sf.*
Sablière, *sf.*
Salière, *sf.*
Soupière, *sf.*
Souricière, *sf.*
Tabatière, *sf.*
Tourtière, *sf.*
Visière, *sf.*

Vivandière, *sf.*
Volière, *sf.*
   Voy. *iaire.*

IF

If, *sm.*
Adjectif, *sm.*
Canif, *sm.*
Juif, *sm.*
Suif, *sm.*
Tarif, *sm.*
   Voy. *ife.*

IFE

Calife, *sm.*
Pontife, *sm.*
   Voy. *if.*

IL

Exil, *sm.*
Cil, *sm.*
Morfil, *sm.*
Pistil, *sm.*
Profil, *sm.*
   Voy. *ile, île.*

IL *(mouillé)*

Avril, *sm.*
Babil, *sm.*
Grésil, *sm.*
Péril, *sm.*
Persil, *sm.*
   Voy. *ille* (mouil.)

IL (l *ne se pron.*
   pas)

Baril, *sm.*
Chenil, *sm.*
Nombril, *sm.*

ILE

Aquatile, *a., 2 g.*
Argile, *sf.*
Concile, *sm.*
Crocodile, *sm.*
Débile, *a., 2 g.*
Difficile, *a., 2 g.*
Docile, *a., 2 g.*

Domicile, *sm.*
Évangile, *sm.*
Fertile, *a.*, 2 *g.*
Indocile, *a.*, 2 *g.*
Inutile, *a.*, 2 *g.*
Mobile, *a.*, 2 *g.*
Péristile, *sm.*
Pile, *sf.*
Reptile, *sm.*
Servile, *a.*, 2 *g.*
Tuile, *sf.*
Ustensile, *sm.*
Utile, *a.*, 2 *g.*
Vigile, *sm.*
Voy. *il, île.*

ÎLE

Presqu'île, *sf.*
Voy. *il, île.*

ILLE (mouil.)

Aiguille, *sf.*
Anguille, *sf.*
Apostille, *sf.*
Bastille, *sf.*
Béquille, *sf.*
Cédille, *sf.*
Charmille, *sf.*
Chenille, *sf.*
Cheville, *sf.*
Cochenille, *sf.*
Coquille, *sf.*
Camomille, *sf.*
Famille, *sf.*
Faucille, *sf.*
Fille, *sf.*
Flotille, *sf.*
Guenille, *sf.*
Jonquille, *sf.*
Lentille, *sf.*
Pacotille, *sf.*
Pastille, *sf.*
Quille, *sf.*
Vanille, *sf.*
Vrille, *sf.*
Voy. *il* (mouil.)

IN

Alexandrin, *a.m.*

Aquilin, *a.m.*
Argousin, *sm.*
Arlequin, *sm.*
Baladin, *sm.*
Baldaquin, *sm.*
Béguin, *sm.*
Bénédictin, *sm.*
Bernardin, *sm.*
Boudin, *sm.*
Brin, *sm.*
Brodequin, *sm.*
Calepin, *sm.*
Capucin, *sm.*
Carlin, *sm.*
Carmin, *sm.*
Chérubin, *sm.*
Clavecin, *sm.*
Crin, *sm.*
Échevin, *sm.*
Escarpin, *sm.*
Festin, *sm.*
Florin, *sm.*
Fretin, *sm.*
Gamin, *sm.*
Girondin, *sm.*
Gradin, *sm.*
Jacobin, *sm.*
Jasmin, *sm.*
Larcin, *sm.*
Lin, *sm.*
Lutin, *sm.*
Lutrin, *sm.*
Moulin, *sm.*
Parchemin, *sm.*
Pepin, *sm.*
Ravin, *sm.*
Requin, *sm.*
Romarin, *sm.*
Rondin, *sm.*
Sapin, *sm.*
Tocsin, *sm.*
Traversin, *sm.*
Vélin, *sm.*
Venin, *sm.*
Voy. *ain, ein.*

INCE

Mince, *a.*, 2 *g.*

Prince, *sm.*
Province, *sf.*

IQUE

Musique, *sf.*
République, *sf.*
Romantique, *sm.*
et *a.*, 2 *g.*
Unique, *a.*, 2 *g.*
Voy. *ic.*

IR

Déplaisir, *sm.*
Désir, *sm.*
Élixir, *sm.*
Loisir, *sm.*
Plaisir, *sm.*
Repentir, *sm.*
Soupir, *sm.*
Souvenir, *sm.*
Triumvir, *sm.*
Visir, *sm.*
Voy. *ire.*

IR (verbes)

Abolir.
Acquérir.
Agir.
Agrandir.
Aigrir.
Anéantir.
Anoblir.
Aplanir.
Aplatir.
Avertir.
Avilir.
Bâtir.
Bénir.
Blanchir.
Chérir.
Choisir.
Concourir.
Conquérir.
Contenir,
Convenir.
Convertir.
Courir.
Croupir.

Démentir.
Démolir.
Désobéir.
Désunir.
Détenir.
Devenir.
Dormir.
Durcir.
Éblouir.
Éclaircir.
Élargir.
Enchérir.
Endormir.
Endurcir.
s'Enfuir.
Engloutir.
Enlaidir.
Enrichir.
Ensevelir.
Entretenir.
Envahir.
Épanouir.
Établir.
Étourdir.
Évanouir.
Finir.
Fléchir.
Flétrir.
Fleurir.
Fournir.
Franchir.
Frémir.
Froidir.
Garantir.
Garnir.
Gémir.
Gravir.
Guérir.
Intervenir.
Jaunir.
Jouir.
Languir.
Maigrir.
Maintenir.
Mentir.
Meurtrir.
Moisir.
Mourir.

Munir.
Mûrir,
Nantir.
Noircir.
Obéir.
Obscurcir.
Obtenir.
Ourdir.
Ouvrir.
Pâlir.
Parcourir.
Partir.
Parvenir.
Pâtir.
Périr.
Pervertir.
Pétrir.
Polir.
Prévenir.
Provenir.
Punir.
Rafraichir.
Raidir.
Rajeunir.
Ralentir.
Ravir.
Réfléchir.
Refroidir.
Régir.
Réjouir.
Repentir.
Rétablir.
Retenir.
Retentir.
Réunir.
Rôtir.
Rougir.
Rugir.
Saisir.
Salir.
Secourir.
Sentir.
Servir.
Sévir.
Sortir.
Soutenir.
Subir.
Subvenir.

Survenir.
Tarir.
Tenir,
Ternir.
Trahir.
Travestir.
Unir.
Venir.
Vernir.
Vêtir.
Vomir.

Voy. *ire* (verb.)

IRE

Délire, *sm.*
Navire, *sm.*
Pire, *a.*, 2 *g.*
Sbire, *sm.*

Voy. *ir.*

IRE *(verbes)*

Circoncire.
Conduire.
Confire.
Construire.
Contredire.
Décrire.
Dédire.
Déduire.
Détruire.
Dire.
Écrire.
Élire.
Enduire.
Frire.
Induire.
Inscrire.
Instruire.
Interdire.
Introduire.
Luire.
Maudire.
Médire.
Nuire.
Prédire.
Prescrire.
Produire.

Proscrire.
Redire.
Réduire.
Relire.
Séduire.
Souscrire.
Traduire.
Transcrire.
Voy. *ir* (verbes).

IS

Brebis, *sf.*
Buis, *sm.*
Cacis, *sm.*
Cambouis, *sm.*
Cliquetis, *sm.*
Coloris, *sm.*
Commis, *sm.*
Croquis, *sm.*
Débris, *sm.*
Devis, *sm.*
Gâchis, *sm.*
Logis, *sm.*
Panaris, *sm.*
Paradis, *sm.*
Pilotis, *sm.*
Roulis, *sm.*
Rubis, *sm.*
Salsifis, *sm.*
Souris, *sf.*
Surplis, *sm.*
Sursis, *sm.*
Tandis, *conj.*
Voy. *it, ix.*

ISSE

Coulisse, *sf.*
Cuisse, *sf.*
Écrevisse, *sf.*
Esquisse, *sf.*
Génisse, *sf.*
Jaunisse, *sf.*
Jocrisse, *sm.*
Narcisse, *sf.*
Pelisse, *sf.*
Réglisse, *sf.*
Saucisse, *sf.*
Suisse, *sm.*
Voy. *ice.*

IT

Bandit, *sm.*
Biscuit, *sm.*
Bruit, *sm.*
Circuit, *sm.*
Conduit, *sm.*
Conscrit, *sm.*
Contredit, *sm.*
Dédit, *sm.*
Dépit, *sm.*
Discrédit, *sm.*
Écrit, *sm.*
Édit, *sm.*
Esprit, *sm.*
Granit, *sm.*
Fruit, *sm.*
Manuscrit, *sm.*
Minuit, *sm.*
Nuit, *sf.*
Produit, *sm.*
Prétérit, *sm.*
Réduit, *sm.*
Transit, *sm.*
Voy. *is, ix.*

IX

Crucifix, *sm.*
Dix, *a., n.*
Perdrix, *sf.*
Prix, *sm.*
Voy. *is, it.*

JON

Donjon, *sm.*
Goujon, *sm.*
Voy. *geon.*

LANT

Nonchalant, *a. m.*
Pétulant, *a. m.*
Sanglant, *a. m.*
Vigilant, *a. m.*
Voy. *lent.*

LÉ

Blé, *sm.*

Défilé, *sm.*
Démêlé, *sm.*
Écervelé, *sm. et a. m.*
Jubilé, *sm.*
Voy. *lée, let.*

LÉE

Batelée, *sf.*
Gelée, *sf.*
Giboulée, *sf.*
Giroflée, *sf.*
Goulée, *sf.*
Gueulée, *sf.*
Mausolée, *sm.*
Mêlée, *sf.*
Onglée, *sf.*
Poêlée *sf.*
Voy. *lé, let.*

LENT

Équivalent, *sm. et a. m.*
Excellent, *a. m.*
Indolent, *sm. et a. m.*
Insolent, *sm. et a. m.*
Lent, *a. m.*
Opulent, *a. m.*
Turbulent, *a. m.*
Violent, *a. m.*
Voy. *lant.*

LET

Boulet, *sm.*
Bracelet, *sm.*
Cabriolet, *sm.*
Chapelet, *sm.*
Châtelet, *sm.*
Chevalet, *sm.*
Couplet, *sm.*
Filet, *sm.*
Gilet, *sm.*
Gobelet, *sm.*
Mantelet, *sm.*
Mulet, *sm.*
Ourlet, *sm.*

Pistolet, *sm.*
Poulet, *sm.*
Roitelet, *sm.*
Serpolet, *sm.*
  Voy. *lé, lée.*

LI

Paroli, *sm.*
Repli, *sm.*
Torticoli, *sm.*
Tripoli, *sm.*
  Voy. *lie.*

LIE

Anomalie, *sf.*
Folie, *sf.*
Mélancolie, *sf.*
Poulie, *sf.*
  Voy. *li.*

LERIE

Cajolerie, *sf.*
Cavalerie, *sf.*
Chevalerie, *sf.*
Drôlerie, *sf.*
Galerie, *sf.*
Jonglerie, *sf.*
Tuilerie, *sf.*
Volerie, *sf.*
  Voy. *llerie.*

LLER (mouil.)

Apostiller, *v.*
Babiller, *v.*
Bâiller, *v.*
Brailler, *v.*
Briller, *v.*
Brouiller, *v.*
Cailler, *v.*
Chatouiller, *v.*
Conseiller, *v. et sm.*
Dépouiller, *v.*
Dérouiller, *v.*
Déshabiller, *v.*
Détailler, *v.*
Embrouiller, *v.*
Empailler, *v.*
Éveiller, *v.*

Fouiller, *v.*
Fourmiller, *v.*
Grapiller, *v.*
Griller, *v.*
Grouiller, *v.*
Mouiller, *v.*
Oreiller, *sm.*
Pailler, *sm.*
Piller, *v.*
Poulailler, *sm.*
Railler, *v.*
Réveiller, *v.*
Rouiller, *v.*
Souiller, *v.*
Surveiller, *v.*
Tailler, *v.*
Travailler, *v.*
Veiller, *v.*

LLERIE

Chancellerie, *sf.*
Chapellerie, *sf.*
Coutellerie, *sf.*
Distillerie, *sf.*
Joaillerie, *sf.*
Raillerie, *sf.*
Sorcellerie, *sf.*
  Voy. *lerie.*

LLIE (mouil.)

Saillie, *sf.*

LLIER (mouil.)

Quincaillier, *sm.*
Groseillier, *sm.*
Marguillier, *sm.*

LU

Élu, *sm. et a. m.*
Glu, *sf.*
Superflu, *sm.*
  Voy. *lue.*

LUE

Berlue, *sf.*
  Voy. *lu.*

MANT

Aimant, *sm.*
Amant, *sm.*

Calmant, *sm. et a. m.*
Charmant, *a. m.*
Diamant, *sm.*
  Voy. *ment.*

MÉE

Armée, *sf.*
Fumée, *sf.*

MENT

Acharnement, *sm.*
Agrément, *sm.*
Ajournement, *sm.*
Aliment, *sm.*
Amusement, *sm.*
Argument, *sm.*
Armement, *sm.*
Avènement, *sm.*
Aveuglement, *sm.*
Bâtiment, *sm.*
Bouleversement, *sm.*
Changement, *sm.*
Châtiment, *sm.*
Ciment, *sm.*
Consentement, *sm.*
Débarquement, *sm.*
Déchargement, *sm.*
Découragement, *sm.*
Défrichement, *sm.*
Déguisement, *sm.*
Département, *sm.*
Déplacement, *sm.*
Détachement, *sm.*
Document, *sm.*
Écroulement, *sm.*
Égarement, *sm.*
Élément, *sm.*
Éloignement, *sm.*
Enchantement, *sm.*
Encouragement, *sm.*
Enlèvement, *sm.*
Enregistrement, *sm.*

Enrôlement, *sm.*
Enseignement, *sm.*
Entendement, *sm.*
Entêtement, *sm.*
Épuisement, *sm.*
Évènement, *sm.*
Excrément, *sm.*
Firmament, *sm.*
Fondement, *sm.*
Fragment, *sm.*
Froment, *sm.*
Gouvernement, *sm.*
Grincement, *sm.*
Instrument, *sm.*
Jugement, *sm.*
Jument, *sf.*
Jurement, *sm.*
Logement, *sm.*
Mandement, *sm.*
Mécontentement, *sm.*
Médicament, *sm.*
Ménagement, *sm.*
Moment, *sm.*
Monument, *sm.*
Mouvement, *sm.*
Ornement, *sm.*
Pansement, *sm.*
Parlement, *sm.*
Recensement, *sm.*
Recouvrement, *sm.*
Régiment, *sm.*
Règlement, *sm.*
Renseignement, *sm.*
Rudiment, *sm.*
Sacrement, *sm.*
Sarment, *sm.*
Sentiment, *sm.*
Signalement, *sm.*
Soulagement, *sm.*
Soulèvement, *sm.*
Testament, *sm.*
Tourment, *sm.*
Traitement, *sm.*
Versement, *sm.*
Vêtement, *sm*
Voy. *mant.*

MI

Fourmi, *sf.*
Parmi, *prép.*
Salmi, *sm.*
Voy. *mie.*

MIE

Académie, *sm.*
Alchimie, *sf.*
Anatomie, *sf.*
Astronomie, *sf.*
Chimie, *sf.*
Économie, *sf.*
Épidémie, *sf.*
Infamie, *sf.*
Mie, *sf.*
Voy. *mi.*

NANT

Avenant, *a. m.*
Lieutenant, *sm.*
Maintenant, *adv.*
Manant, *sm.*
Préopinant, *sm.*
Voy. *nent.*

NÉE

Cheminée, *sf.*
Destinée, *sf.*
Fournée, *sf.*
Guinée, *sf.*
Journée, *sf.*
Matinée, *sf.*
Tournée, *sf.*
Traînée, *sf.*
Vinée, *sf.*

NENT

Abstinent, *a. m.*
Continent, *sm.*
Éminent, *a. m.*
Incontinent, *adv.*
Permanent, *a. m.*
Voy. *nant.*

NI

Ni, *conj.*

Déni, *sm.*
Voy. *nie.*

NIE

Agonie, *sf.*
Avanie, *sf.*
Calomnie, *sf.*
Cérémonie, *sf.*
Colonie, *sf.*
Cosmogonie, *sf.*
Génie, *sm.*
Ignominie, *sf.*
Manie, *sf.*
Métromanie, *sf.*
Parcimonie, *sf.*
Pulmonie, *sf.*
Vilenie, *sf.*
Voy. *ni.*

O

Bobo, *sm.*
Cacao, *sm.*
Cicéro, *sm.*
Coco, *sm.*
Coquerico, *sm.*
Dodo, *sm.*
Domino, *sm.*
Duo, *sm.*
Incognito, *adv.*
Indigo, *sm.*
In-folio, *sm.*
In-octavo, *sm.*
In-quarto, *sm.*
Loto, *sm.*
Numéro, *sm.*
Piano, *sm.*
Quiproquo, *sm.*
Shako, *sm.*
Solo, *sm.*
Trio, *sm.*
Zéro, *sm.*
Voy. *os, ot, ôt.*

OC

Bloc, *sm.*
Choc, *sm.*
Estoc, *sm.*

Froc, *sm.*
Manioc, *sm.*
Troc, *sm.*
   Voy. *oque.*

OCE

Atroce, *a.* 2 *g.*
Féroce, *a.* 2 *g.*
Négoce, *sm.*
Noce, *sf.*
Précoce, *a.* 2 *g.*
Sacerdoce, *sm.*
   Voy. *osse.*

OCHE

Brioche, *sf.*
Broche, *sf.*
Cloche, *sf.*
Galoche, *sf.*
Pioche, *sf.*
Poche, *sf.*
Reproche, *sm.*
Roche, *sf.*
Taloche, *sf.*
   Voy. *auche.*

ODE

Antipode, *sm.*
Code, *sm.*
Épisode, *sm.*
Exode, *sm.*
Mode, *s.*, 2 *g.*
Pagode, *sf.*
Période, *s.*, 2 *g.*
   Voy. *aude.*

OFFE

Étoffe, *sf.*
   Voy. *ophe.*

OI

Envoi, *sm.*
Renvoi, *sm.*
   Voy. *oie, ois,*
   oit, oît, oix.

OIE

Joie, *sf.*

Oie, *sf.*
Proie, *sf.*
   Voy. *oi, ois, oit,*
   oît, oix.

OIR

Abattoir, *sm.*
Abreuvoir, *sm.*
Boudoir, *sm.*
Concevoir, *v.*
Déchoir, *v.*
Demêloir, *sm.*
Désespoir, *sm.*
Dévidoir, *sm.*
Devoir, *v. et sm.*
Dortoir, *sm.*
Échoir, *v.*
Émouvoir, *v.*
Encensoir, *sm.*
Entrevoir, *v.*
Espoir, *sm.*
Éteignoir, *sm.*
Miroir, *sm.*
Mouchoir, *sm.*
Mouvoir, *v.*
Ostensoir, *sm.*
Parloir, *sm.*
Percevoir, *v.*
Pleuvoir, *v.*
Pourvoir, *v.*
Pouvoir, *v.*
Prévaloir, *v.*
Prévoir, *v.*
Rasoir, *sm.*
Recevoir, *v.*
Reposoir, *sm.*
Réservoir, *sm.*
Savoir, *v.*
Séchoir, *sm.*
Tiroir, *sm.*
Valoir, *v.*
   Voy. *oire.*

OIRE

Aratoire, *a.* 2 *g.*
Armoire, *sf.*
Auditoire, *sm.*
Baignoire, *sf.*

Boire, *v.*
Ciboire, *sm.*
Conservatoire, *sm.*
Contradictoire, *a.* 2 *g.*
Croire, *v.*
Déboire, *sm.*
Décisoire, *a.*, 2 *g.*
Dédicatoire, *a.*, 2 *g.*
Directoire, *sm.*
Écritoire, *sf.*
Expiatoire, *a.*, 2 *g.*
Foire, *sf.*
Gloire, *sf.*
Grimoire, *sm.*
Interlocutoire, *a.* 2 *g.*
Laboratoire, *sm.*
Mâchoire, *sf.*
Mémoire, *s.*, 2 *g.*
Monitoire, *sm.*
Notoire, *a.*, 2 *g.*
Obligatoire, *a.*, 2 *g.*
Observatoire, *sm.*
Oratoire, *a.*, 2 *g.*
Poire, *sf.*
Préparatoire, *a* 2 *g.*
Prétoire, *sm.*
Promontoire, *sm.*
Provisoire, *a.*, 2 *g.*
Purgatoire, *sm.*
Réfectoire, *sm.*
Répertoire, *sm.*
Réquisitoire, *sm.*
Rogatoire, *a.*, 2 *g.*
Vésicatoire, *sm.*
Victoire, *sf.*
   Voy. *oir.*

OIS

Anchois, *sm.*
Autrefois, *adv.*
Bois, *sm.*
Carquois, *sm.*
Empois, *sm.*
Matois, *sm.*
Minois, *sm.*

Patois , *sm.*
Putois , *sm.*
Quelquefois, *adv.*
Tapinois , *adv.*
Toutefois , *adv.*
   Voy. *oi, oie, oît,*
   oît, oix.

OIT

Détroit , *sm.*
Droit , *sm. et a. m.*
Endroit , *sm.*
   Voy. *oi, oie, ois,*
   oît, -oix.

OÎT

Surcroît , *sm.*
   Voy. *oi, oie, ois,*
   oît, oix.

OIX

Choix , *sm.*
Croix , *sf.*
Noix , *sf.*
   Voy. *oi, oie, ois,*
   oît, oît.

OL

Bol , *sm.*
Entresol , *sm.*
Licol , *sm.*
Parasol , *sm.*
Tournesol , *sm.*
Vitriol , *sm.*
Vol , *sm.*
   Voy. *ole, ôle,*
   olle.

OLE

Auréole , *sf.*
Babiole , *sf.*
Camisole , *sf.*
Capitole , *sm.*
Carmognole , *sf.*
Console , *sf.*
Coupole , *sf.*
École , *sf.*
Étole , *sf.*
Fiole , *sf.*

Frivole , *a.,* 2 *g.*
Gloriole , *sf.*
Gondole , *sf.*
Idole , *sf.*
Métropole , *sf.*
Monopole , *sm*
Parabole , *sf.*
Parole , *sf.*
Pistole , *sf.*
Protocole , *sm.*
Rigole , *sf.*
   Voy. *ol, ôle,*
   olle.

ÔLE

Contrôle , *sm.*
Drôle , *sm.*
Pôle , *sm.*
Rôle , *sm.*
Tôle , *sf.*
   Voy. *ol, ole,*
   olle.

OLLE

Corolle , *sf.*
Grolle , *sf.*
   Voy. *ol, ole, ôle.*

OM *(se pron.* on).

Prénom , *sm.*
Pronom , *sm.*
   Voy. *on, ond,*
   ont.

OME

Astronome , *sm.*
Atome , *sm.*
Axiome , *sm.*
Binome , *sm.*
Économe , *sm.*
Idiome , *sm.*
Monome , *sm.*
Tome , *sm.*
Trinome , *sm.*
   Voy. *ôme, omme.*

ÔME

Diplôme , *sm.*

Dôme , *sm.*
Fantôme , *sm.*
   Voy. *ome, omme.*

OMME

Bonhomme , *sm.*
Gomme , *sf.*
Homme , *sm.*
Rogomme , *sm.*
Somme , *s.,* 2 *g.*
   Voy. *ome, ôme.*

OMPTE

Escompte , *sm.*
Mécompte , *sm.*
   Voy. *onte.*

ON

Abandon , *sm.*
Anon , *sm.*
Baron , *sm.*
Bonbon , *sm.*
Brandon , *sm.*
Canon , *sm.*
Charbon , *sm.*
Chapon , *sm.*
Coupon , *sm.*
Échantillon , *sm.*
Fripon , *sm.*
Jupon , *sm.*
Limon , *sm.*
Linon , *sm.*
Lion , *sm.*
Opinion , *sf.*
Patron , *sm.*
Poupon , *sm.*
Oraison , *sf.*
Sinon , *conj.*
Septentrion , *sm.*
Tapon , *sm.*
Tenon , *sm.*
   Voy. *om, ond,*
   ont.

ONCE

Nonce , *sm.*
Once , *sf.*
Ronce , *sf.*

Semonce, *sf.*

OND

Gond, *sm.*
Plafond, *sm.*
  Voy. *om, on,*
  ont.

ONE

Anemone, *sf.*
Matrone, *sf.*
Monotone, *a.*, 2 g.
Octogone, *sm.*
Pentagone, *sm.*
Zone, *sf.*
  Voy. *ône, onne.*

ÔNE

Aumône, *sf.*
Cône, *sm.*
Prône, *sm.*
Trône, *sm.*
  Voy. *one, onne.*

ONNE

Baronne, *sf.*
Colonne, *sf.*
Consonne, *sf.*
Couronne, *sf.*
Friponne, *sf.*
Lionne, *sf.*
Nonne, *sf.*
Patronne, *sf.*
Personne, *sf.*
Tonne, *sf.*
  Voy. *one, ône.*

ONT

Front, *sm.*
  Voy. *om, on,*
  ond.

ONTE

Fonte, *sf.*
Ponte, *sf.*
Refonte, *sf.*
  Voy. *ompte.*

OP

Sirop, *sm.*
  Voy. *ope, oppe.*

OPE

Microscope, *sm.*
Télescope, *sm.*
Varlope, *sf.*
  Voy. *op, oppe.*

OPHE

Apostrophe, *sf.*
Catastrophe, *sf.*
Limitrophe, *a.*,
  2 g.
Strophe, *sf.*
  Voy. *offe.*

OPPE

Enveloppe, *sf.*
  Voy. *op, oppe.*

OQUE

Baroque, *a.*, 2 g.
Époque, *sf.*
Équivoque, *sf.* et
  a., 2 g.
Réciproque, *a.*,
  2 g.
Toque, *sf.*
Ventriloque, *sm.*
  Voy. *oc.*

OR

Butor, *sm.*
Castor, *sm.*
Condor, *sm.*
Fructidor, *sm.*
Major, *sm.*
Matador, *sm.*
Similor, *sm.*
Trésor, *sm.*
  Voy. *ord, ords,*
  ore, ors, ort.

ORCE

Amorce, *sf.*

Divorce, *sm.*
Écorce, *sf.*
Force, *sf.*
  Voy. *orse.*

ORD

Milord, *sm.*
Nord, *sm.*
Rebord, *sm.*
Sabord, *sm.*
  Voy. *or, ords,*
  ore, ors, ort.

ORDS

Remords, *sm.*
  Voy. *or, ord,*
  ore, ors, ort.

ORE

Aurore, *sf.*
Madrépore, *sm.*
Météore, *sm.*
Sonore, *a.*, 2 g.
Tricolore, *a.*, 2 g.
  Voy. *or, ord,*
  ords, ors, ort.

ORS

Alors, *adv.*
Dehors, *sm. et adv.*
Recors, *sm.*
  Voy. *or, ord,*
  ords, ore, ort.

ORSE

Entorse, *sf.*
  Voy. *orce.*

ORT

Fort, *sm. et a. m.*
Raifort, *sm.*
Réconfort, *sm.*
Renfort, *sm.*
Tort, *sm.*
  Voy. *or, ord,*
  ords, ore, ors.

OS

Albinos, *sm.*

Clos, *sm. et a. m.*
Dos, *sm.*
Enclos, *sm.*
Mérinos, *sm.*
Propos, *sm.*
    Voy. *o, ot, ôt.*

OSE

Alose, *sf.*
Chose, *sf.*
Couperose, *sf.*
Dose, *sf.*
Pluviose, *sm.*
Prose, *sf.*
Rose, *sf.*
Virtuose, *s., 2 g.*
    Voy. *ause, ôse.*

ÔSE

Nivôse, *sm.*
Ventôse, *sm.*
    Voy. *ause, ose.*

OSSE

Bosse, *sf.*
Brosse, *sf.*
Colosse, *sm.*
Crosse, *sf.*
Grosse, *sf. et a. f.*
Rosse, *sf.*
    Voy. *oce.*

OT

Argot, *sm.*
Berlingot, *sm.*
Brûlot, *sm.*
Cachot, *sm.*
Calicot, *sm.*
Camelot, *sm.*
Canot, *sm.*
Chariot, *sm.*
Chicot, *sm.*
Coquelicot, *sm.*
Écot, *sm.*
Escargot, *sm.*
Gigot, *sm.*
Goulot, *sm.*
Grelot, *sm.*

Jabot, *sm.*
Javelot, *sm.*
Lingot, *sm.*
Linot, *sm.*
Loriot, *sm.*
Magot, *sm.*
Manchot, *sm.*
Matelot, *sm.*
Minot, *sm.*
Mot, *sm.*
Mulot, *sm.*
Pavot, *sm.*
Pivot, *sm.*
Tripot, *sm.*
Turbot, *sm.*
    Voy. *o, os, ôt.*

ÔT

Bientôt, *adv.*
Dépôt, *sm.*
Entrepôt, *sm.*
Prévôt, *sm.*
Tantôt, *adv.*
    Voy. *o, os, ot.*

OTE

Aliquote, *a. f.*
Anecdote, *sf.*
Antidote, *sm.*
Capote, *sf.*
Galiote, *sf.*
Gargote, *sf.*
Matelote, *sf.*
Note, *sf.*
Patriote, *sm.*
Pelote, *sf.*
Prote, *sm.*
Redingote, *sf.*
Vote, *sm.*
    Voy. *ôte, otte.*

ÔTE

Côte, *sf.*
Maltôte, *sf.*
Pentecôte, *sf.*
    Voy. *ote, otte.*

OTER (verbes)

Numéroter.

Raboter.
Radoter.
Sangloter.
    Voy. *ôter, otter.*

ÔTER (verbe)

ôter.
    Voy. *oter, otter.*

OTTE

Botte, *sf.*
Calotte, *sf.*
Carotte, *sf.*
Crotte, *sf.*
Culotte, *sf.*
Échalotte, *sf.*
Flotte, *sf.*
Gavotte, *sf.*
Gibelotte, *sf.*
Grotte, *sf.*
Linotte, *sf.*
Manchotte, *sf.*
Marcotte, *sf.*
Marmotte, *sf.*
Marotte, *sf.*
Menotte, *sf.*
Motte, *sf.*
Trotte, *sf.*
    Voy. *ôte, ôte.*

OTTER (verbes)

Crotter.
Décrotter.
Débotter.
Flotter.
Gigotter.
Marmotter.
    Voy. *oter, ôter.*

OU

Acajou, *sm.*
Amadou, *sm.*
Bijou, *sm.*
Chou, *sm.*
Clou, *sm.*
Coucou, *sm.*
Filou, *sm.*
Fou, *sm.*

Genou , *sm.*
Glouglou , *sm.*
Joujou , *sm.*
Licou , *sm.*
Matou , *sm.*
Sapajou , *sm.*
Trou , *sm.*
  Voy. *oue, oup,*
   ous, out, oût,
   oux.

OUE

Proue, *sf.*
  Voy. *ou, oup,*
   ous, out, oût,
   oux.

OUÉE

Bouée, *sf.*
Trouée, *sf.*

OUIL

Fenouil , *sm.*
  Voy. *ouille.*

OUILLE

Andouille , *sf.*
Citrouille , *sf.*
Dépouille , *sf.*
Fouille , *sf.*
Grenouille , *sf.*
Houille , *sf.*
Patrouille , *sf.*
Quenouille , *sf.*
Rouille , *sf.*
  Voy. *ouil.*

OUP

Beaucoup , *adv.*
Loup , *sm.*
  Voy. *ou, oue, ous,*
   out, oût, oux.

OUR

Amour , *sm.*
Autour , *prép.*
Contour , *sm.*
Détour , *sm*
Four , *sm.*
Jour , *sm.*

Labour , *sm.*
Pourtour , *sm.*
Retour , *sm.*
Séjour , *sm.*
Vautour , *sm.*
  Voy. *oure, ourre,*
   ours.

OURE

Bravoure , *sf.*
  Voy. *our, ourre,*
   ours.

OURCE

Source, *sf.*
  Voy. *ourse.*

OURRE

Bourre, *sf.*
  Voy. *our, oure,*
   ours.

OURS

Concours , *sm.*
Décours , *sm.*
Discours , *sm.*
Ours , *sm.*
Recours , *sm.*
Secours , *sm.*
Toujours , *adv.*
Velours , *sm.*
  Voy. *our, oure,*
   ourre.

OURSE

Bourse , *sf.*
Course , *sf.*
  Voy. *ource.*

OUS

Dessous , *adv.*
Remous , *sm.*
  Voy. *ou, oue,*
   oup, out, oût,
   oux.

OUSSE

Gousse , *sf.*
Mousse , *s., 2 g.*
Secousse , *sf.*

OUT

Atout , *sm.*
Debout , *adv.*
Égout , *sm.*
Marabout , *sm.*
Surtout , *adv.*
  Voy. *ou, oue,*
   oup, ous, oût,
   oux.

OÛT

Coût , *sm.*
Ragoût , *sm.*
  Voy. *ou, oue,*
   oup, ous, out,
   oux.

OUX

Courroux , *sm.*
Doux , *a. m.*
Époux , *sm.*
Jaloux, *sm. et a. m.*
  Voy. *ou, oue,*
   oup, ous, out,
   oût.

OYER

Foyer , *sm.*
Loyer , *sm.*
Monnoyer , *v.*
Noyer , *v.*
Plaidoyer , *sm.*
Voyer , *sm.*

PÉ

Canapé , *sm.*
  Voy. *pée.*

PÉE

Épée , *sf.*
Épopée , *sf.*
Équipée , *sf.*
Lampée , *sf.*
Pipée , *sf.*
Poupée , *sf.*
Prosopopée , *sf.*
  Voy. *pé.*

PENT

Arpent, *sm.*
Serpent, *sm.*

PI

Api, *sm.*
Épi, *sm.*
Pipi, *sf.*
   Voy. *pie.*

PIE

Charpie, *sf.*
Copie, *sf.*
Pie, *sf.*
Roupie, *sf.*
   Voy. *pi.*

QUANT

Clinquant, *sm.*
Convainquant, *a. m.*
Délinquant, *sm.*
Piquant, *a. m.*
Trafiquant, *sm.*
   Voy. *quent.*

QUÉE

Becquée, *sf.*
Mosquée, *sf.*

QUENT

Conséquent, *a. m.*
Éloquent, *a. m.*
Fréquent, *a. m.*
Inconséquent, *a. m.*
   Voy. *quant.*

RÉE

Chicorée, *sf.*
Denrée, *sf.*
Durée, *sf.*
Échaufourée, *sf.*
Entrée, *sf.*
Marée, *sf.*
Panerée, *sf.*
Purée, *sf.*

Rentrée, *sf.*
Soirée, *sf.*
Ventrée, *sf.*

RI

Abri, *sm.*
Bistouri, *sm.*
Charivari, *sm.*
Colibri, *sm.*
Favori, *sm.*
Jury ou Juri, *sm.*
Pilori, *sm.*
   Voy. *rie.*

RIE

Allégorie, *sf.*
Avarie, *sf.*
Barbarie, *sf.*
Carie, *sf.*
Catégorie, *sf.*
Écurie, *sf.*
Frairie, *sf.*
Furie, *sf.*
Seigneurie, *sf.*
Voirie, *sf.*
   Voy. *ri.*

RON

Chaudron, *sm.*
Chevron, *sm.*
Citron, *sm.*
Escadron, *sm.*
Goudron, *sm.*
Patron, *sm.*
Poltron, *sm.*
Tendron, *sm.*
   Voy. *eron.*

SÉE

Croisée, *sf.*
Fusée, *sf.*
Musée, *sm.*
Pensée, *sf.*
Risée, *sf.*
Rosée, *sf.*
Traversée, *sf.*
   Voy. *cée.*

SENT

Absent, *sm. et a. m.*
   Voy. *cent.*

SER *(verbes)*

Bouleverser.
Converser.
Danser.
Débourser.
Dépenser.
Dispenser.
Disperser.
Éclipser.
Encenser.
Expulser.
Renverser.
Traverser.
Verser.
   Voy. *cer.*

SIE

Autopsie, *sf.*
Épilepsie, *sf.*
   Voy. *ci, cie, tie*
   (se pron. *si*),
   tie.

SIE *(se pron.* zi)

Apostasie, *sf.*
Courtoisie, *sf.*
Fantaisie, *sf.*
Frénésie, *sf.*
Géodésie, *sf.*
Jalousie, *sf.*
Pleurésie, *sf.*
Poésie, *sf.*
Saisie, *sf.*

SIER

Boursier, *sm.*
Coursier, *sm.*
Dépensier, *sm.*
   Voy. *cier.*

SION

Animadversion, *sf.*
Aspersion, *sf.*

Aversion, *sf.*
Contorsion, *sf.*
Conversion, *sf.*
Convulsion, *sf.*
Dimension, *sf.*
Dispersion, *sf.*
Diversion, *sf.*
Expulsion, *sf.*
Extension, *sf.*
Impulsion, *sf.*
Incursion, *sf.*
Inversion, *sf.*
Pension, *sf.*
Perversion, *sf.*
Répulsion, *sf.*
Submersion, *sf.*
Suspension, *sf.*
Tension, *sf.*
Version, *sf.*
Voy. *tion, xion.*

TANT

Autant, *adv.*
Constant, *a. m.*
Consultant, *a. m.*
Contractant, *sm. et
a. m.*
Dégoûtant, *a. m.*
Distant, *a. m.*
Éclatant, *a. m.*
Exorbitant, *a. m.*
Inconstant, *a. m.*
Instant, *sm.*
Montant, *sm.*
Nonobstant, *prép.*
Octant, *sm.*
Pourtant, *conj.*
Protestant, *sm.*
Repentant, *a. m.*
Représentant, *sm.*
Voy. *tent.*

TÉ

Absurdité, *sf.*
Acreté, *sf.*
Adversité, *sf.*
Agilité, *sf.*

Amabilité, *sf.*
Amirauté, *sf.*
Antiquité, *sf.*
Aridité, *sf.*
Aspérité, *sf.*
Atrocité, *sf.*
Austérité, *sf.*
Autorité, *sf.*
Avidité, *sf.*
Beauté, *sf.*
Bonté, *sf.*
Brutalité, *sf.*
Calamité, *sf.*
Capacité, *sf.*
Captivité, *sf.*
Cavité, *sf.*
Célébrité, *sf.*
Célérité, *sf.*
Charité, *sf.*
Chasteté, *sf.*
Cherté, *sf.*
Cité, *sf.*
Civilité, *sf.*
Clarté, *sf.*
Comité, *sm.*
Conformité, *sf.*
Contrariété, *sf.*
Convexité, *sf.*
Cordialité, *sf.*
Crédulité, *sf.*
Cruauté, *sf.*
Crudité, *sf.*
Cupidité, *sf.*
Curiosité, *sf.*
Densité, *sf.*
Député, *sm.*
Dignité, *sf.*
Diversité, *sf.*
Divinité, *sf.*
Docilité, *sf.*
Domesticité, *sf.*
Dureté, *sf.*
Égalité, *sf.*
Élasticité, *sf.*
Électricité, *sf.*
Équité, *sf.*
Éternité, *sf.*
Excepté, *prép.*

Extrémité, *sf.*
Facilité, *sf.*
Faculté, *sf.*
Fatalité, *sf.*
Fécondité, *sf.*
Félicité, *sf.*
Féodalité, *sf.*
Fermeté, *sf.*
Férocité, *sf.*
Fertilité, *sf.*
Fidélité, *sf.*
Fierté, *sf.*
Formalité, *sf.*
Fragilité, *sf.*
Fraternité, *sf.*
Frivolité, *sf.*
Frugalité, *sf.*
Gaieté ou Gaîté, *sf.*
Généralité, *sf.*
Générosité, *sf.*
Gravité, *sf.*
Grièveté, *sf.*
Incapacité, *sf.*
Incrédulité, *sf.*
Indemnité, *sf.*
Indignité, *sf.*
Indocilité, *sf.*
Inégalité, *sf.*
Infériorité, *sf.*
Infidélité, *sf.*
Infinité, *sf.*
Infirmité, *sf.*
Ingénuité, *sf.*
Inhumanité, *sf.*
Iniquité, *sf.*
Insensibilité, *sf.*
Insolvabilité *sf.*
Intégrité, *sf.*
Intrépidité, *sf.*
Lâcheté, *sf.*
Latinité, *sf.*
Légèreté, *sf.*
Libéralité, *sf.*
Liberté, *sf.*
Magnanimité, *sf.*
Majesté, *sf.*
Malignité, *sf.*
Maternité, *sf.*

Maturité, *sf.*
Méchanceté, *sf.*
Médiocrité, *sf.*
Mendicité, *sf.*
Minorité, *sf.*
Modicité, *sf.*
Monstruosité, *sf.*
Moralité, *sf.*
Mortalité, *sf.*
Nativité, *sf.*
Neutralité, *sf.*
Nouveauté, *sf.*
Nudité, *sf.*
Obscurité, *sf.*
Oisiveté, *sf.*
Opiniâtreté, *sf.*
Papauté, *sf.*
Parenté, *sf.*
Particularité, *sf.*
Paternité, *sf.*
Pauvreté, *sf.*
Perpétuité, *sf.*
Perversité, *sf.*
Piété, *sf.*
Pluralité, *sf.*
Popularité, *sf.*
Postérité, *sf.*
Principauté, *sf.*
Probabilité, *sf.*
Probité, *sf.*
Prodigalité, *sf.*
Propreté, *sf.*
Propriété, *sf.*
Prospérité, *sf.*
Publicité, *sf.*
Pureté, *sf.*
Qualité, *sf.*
Quantité, *sf.*
Rapidité, *sf.*
Rareté, *sf.*
Réalité, *sf.*
Réciprocité, *sf.*
Régularité, *sf.*
Responsabilité, *sf.*
Rigidité, *sf.*
Rivalité, *sf.*
Sagacité, *sf.*
Sainteté, *sf.*

Saleté, *sf.*
Salubrité, *sf.*
Santé, *sf.*
Sensibilité, *sf.*
Sensualité, *sf.*
Sévérité, *sf.*
Sincérité, *sf.*
Singularité, *sf.*
Sobriété. *sf.*
Solemnité, *sf.*
Solidité, *sf.*
Solvabilité, *sf.*
Souveraineté, *sf.*
Suavité, *sf.*
Subtilité, *sf.*
Supériorité, *sf.*
Surdité, *sf.*
Sûreté, *sf.*
Témérité, *sf.*
Timidité, *sf.*
Totalité, *sf.*
Traité, *sm.*
Trinité, *sf.*
Unanimité, *sf.*
Uniformité, *sf.*
Unité, *sf.*
Universalité, *sf.*
Université, *sf.*
Urbanité, *sf.*
Utilité, *sf.*
Validité, *sf.*
Vanité, *sf.*
Véracité, *sf.*
Vérité, *sf.*
Vétusté, *sf.*
Virginité, *sf.*
Vivacité, *sf.*
Volonté, *sf.*
Volupté, *sf.*
Voracité, *sf.*
Voy. *tée.*

TÉE

Dictée, *sf.*
Jointée, *sf.*
Montée, *sf.*
Nuitée, *sf.*
Platée, *sf.*

Portée, *sf.*
Potée, *sf.*
Voy. *té.*

TENT

Content, *a. m.*
Mécontent, *a. m.*
Pénitent, *sm.*
Voy. *tant.*

TERIE

Argenterie, *sf.*
Bigoterie, *sf.*
Bonneterie, *sf.*
Cagoterie, *sf.*
Charcuterie, *sf.*
Chuchoterie, *sf.*
Clouterie, *sf.*
Coterie, *sf.*
Ébénisterie, *sf.*
Filouterie, *sf.*
Galanterie, *sf.*
Infanterie, *sf.*
Laiterie, *sf.*
Loterie, *sf.*
Miroiterie, *sf.*
Mousqueterie, *sf.*
Papeterie, *sf.*
Piraterie, *sf.*
Plaisanterie, *sf.*
Poterie, *sf,*
Radoterie, *sf.*
Voy. *trie.*

TI

Démenti, *sm.*
Mufti, *sm.*
Voy. *tie.*

TIE

Amnistie, *sf.*
Garantie, *sf.*
Modestie, *sf.*
Ortie, *sf.*
Répartie, *sf.*
Sacristie, *sf.*
Sortie, *sf.*
Voy. *ti.*

TIE *(se pron. ci)*

Aristocratie, *sf.*
Démocratie, *sf.*
Facétie, *sf.*
Inertie, *sf.*
Minutie, *sf.*
Primatie, *sf.*
Suprématie, *sf.*
   Voy. ci, cie, sie
   (se pr. ci), xie.

TIEUX *(adj. masc.)*

Ambitieux.
Captieux.
Contentieux.
Facétieux.
Factieux.
Minutieux.
Prétentieux.
Séditieux.
Sententieux.
Superstitieux.
   Voy. cieux.

TION.

Abdication, *sf.*
Abjuration, *sf.*
Abnégation, *sf.*
Abolition, *sf.*
Abomination, *sf.*
Abréviation, *sf.*
Absolution, *sf.*
Abstraction, *sf.*
Acquisition, *sf.*
Action, *sf.*
Adjudication, *sf.*
Administration, *sf.*
Adoption, *sf.*
Adoration, *sf.*
Adulation, *sf.*
Agitation, *sf.*
Altération, *sf.*
Amélioration, *sf.*
Anticipation, *sf.*
Articulation, *sf.*
Aspiration, *sf.*
Audition, *sf.*

Augmentation, *sf.*
Autorisation, *sf.*
Bénédiction, *sf.*
Canonisation, *sf.*
Capitulation, *sf.*
Caution, *sf.*
Célébration, *sf.*
Centralisation, *sf.*
Circonlocution, *sf.*
Circonspection, *sf.*
Circulation, *sf.*
Citation, *sf.*
Clarification, *sf.*
Coalition, *sf.*
Conception, *sf.*
Conciliation, *sf.*
Condamnation, *sf.*
Condition, *sf.*
Confection, *sf.*
Confédération, *sf.*
Confirmation, *sf.*
Confiscation, *sf.*
Congrégation, *sf.*
Conjonction, *sf.*
Conjuration, *sf.*
Conscription, *sf.*
Consécration, *sf.*
Conservation, *sf.*
Considération, *sf.*
Consolation, *sf.*
Conspiration, *sf.*
Consternation, *sf.*
Constitution, *sf.*
Construction, *sf.*
Consultation, *sf.*
Contestation, *sf.*
Continuation, *sf.*
Contradiction, *sf.*
Contravention, *sf.*
Contribution, *sf.*
Contrition, *sf.*
Convention, *sf.*
Conversation, *sf.*
Conviction, *sf.*
Convocation. *sf.*
Corporation, *sf.*
Création, *sf.*
Damnation, *sf.*

Décapitation, *sf.*
Déception, *sf.*
Déclamation, *sf.*
Déclaration, *sf.*
Décoration, *sf.*
Déduction, *sf.*
Défection, *sf.*
Définition, *sf.*
Dégradation, *sf.*
Délégation, *sf.*
Délibération, *sf.*
Démolition, *sf.*
Démonstration, *sf.*
Dénégation, *sf.*
Dénomination, *sf.*
Dentition, *sf.*
Déportation, *sf.*
Dépravation, *sf.*
Députation, *sf.*
Description, *sf.*
Désertion, *sf.*
Désolation, *sf.*
Destination, *sf.*
Destitution, *sf.*
Destruction, *sf.*
Détention, *sf.*
Détérioration, *sf.*
Détermination, *sf.*
Détestation, *sf.*
Dévastation, *sf.*
Déviation, *sf.*
Dévotion, *sf.*
Digestion, *sf.*
Diminution, *sf.*
Direction, *sf.*
Discrétion, *sf.*
Disparution, *sf.*
Disposition, *sf.*
Disproportion, *sf.*
Distraction, *sf.*
Distribution, *sf.*
Domination, *sf.*
Donation, *sf.*
Édition, *sf.*
Éducation, *sf.*
Élection, *sf.*
Élévation, *sf.*
Élocution, *sf.*

Émancipation, *sf.*
Émigration, *sf.*
Émotion, *sf.*
Énonciation, *sf.*
Énumération, *sf.*
Équation, *sf.*
Équitation, *sf.*
Érudition, *sf.*
Éruption, *sf.*
Estimation, *sf.*
Évacuation, *sf.*
Évaluation, *sf.*
Évaporation, *sf.*
Éxagération, *sf.*
Exaspération, *sf.*
Exception, *sf.*
Excitation, *sf.*
Exclamation, *sf.*
Exécration, *sf.*
Exécution, *sf.*
Exhortation, *sf.*
Expédition, *sf.*
Expiation, *sf.*
Expiration, *sf.*
Explication, *sf.*
Exploitation, *sf.*
Exportation, *sf.*
Exposition, *sf.*
Extinction, *sf.*
Extraction, *sf.*
Fabrication, *sf.*
Faction, *sf.*
Fermentation, *sf.*
Fiction, *sf.*
Filiation, *sf.*
Filtration, *sf.*
Fonction, *sf.*
Fondation, *sf.*
Formation, *sf.*
Fortification, *sf.*
Fraction, *sf.*
Fréquentation, *sf.*
Friction, *sf.*
Fumigation, *sf.*
Génération, *sf.*
Gestion, *sf.*
Gradation, *sf.*
Gratification, *sf.*

Gravitation, *sf.*
Imagination, *sf.*
Imitation, *sf.*
Inaction, *sf.*
Inauguration, *sf.*
Incarnation, *sf.*
Inclination, *sf.*
Indication, *sf.*
Indigestion, *sf.*
Indignation, *sf.*
Indiscrétion, *sf.*
Indisposition, *sf.*
Information, *sf.*
Inhumation, *sf.*
Inondation, *sf.*
Inquisition, *sf.*
Inscription, *sf.*
Insertion, *sf.*
Inspection, *sf.*
Inspiration, *sf.*
Institution, *sf.*
Instruction, *sf.*
Interdiction, *sf.*
Interjection, *sf.*
Interprétation, *sf.*
Intersection, *sf.*
Intervention, *sf.*
Introduction, *sf.*
Invention, *sf.*
Invitation, *sf.*
Invocation, *sf.*
Jonction, *sf.*
Juridiction, *sf.*
Justification, *sf.*
Lamentation, *sf.*
Législation, *sf.*
Licitation, *sf.*
Location, *sf.*
Locution, *sf.*
Malédiction, *sf.*
Manifestation, *sf.*
Médiation, *sf.*
Méditation, *sf.*
Mention, *sf.*
Modération, *sf.*
Modification, *sf.*
Mortification, *sf.*
Multiplication, *sf.*

Munition, *sf.*
Natation, *sf.*
Nation, *sf.*
Navigation, *sf.*
Négation, *sf.*
Négociation, *sf.*
Nomination, *sf.*
Notification, *sf.*
Notion, *sf.*
Numération, *sf.*
Objection, *sf.*
Obligation, *sf.*
Observation, *sf.*
Obstination, *sf.*
Opération, *sf.*
Option, *sf.*
Ordination, *sf.*
Organisation, *sf.*
Ostentation, *sf.*
Pacification, *sf.*
Palpitation, *sf.*
Participation, *sf.*
Pénétration, *sf.*
Perception, *sf.*
Perdition, *sf.*
Perfection, *sf.*
Perquisition, *sf.*
Persécution, *sf.*
Pétition, *sf.*
Plantation, *sf.*
Ponctuation, *sf.*
Population, *sf.*
Portion, *sf.*
Position, *sf.*
Potion, *sf.*
Précaution, *sf.*
Précipitation, *sf.*
Prédestination, *sf.*
Prédication, *sf.*
Prédilection, *sf.*
Préméditation, *sf.*
Préparation, *sf.*
Préposition, *sf.*
Prescription, *sf.*
Préservation, *sf.*
Prestation, *sf.*
Prétention, *sf.*
Prévention, *sf.*

Privation, *sf.*
Proclamation, *sf.*
Procuration, *sf.*
Production, *sf.*
Profanation, *sf.*
Prolongation, *sf.*
Promulgation, *sf.*
Prononciation, *sf.*
Propagation, *sf.*
Proportion, *sf.*
Proposition, *sf.*
Proscription, *sf.*
Protection, *sf.*
Provocation, *sf.*
Publication, *sf.*
Punition, *sf.*
Purgation, *sf.*
Purification, *sf.*
Question, *sf.*
Ration, *sf.*
Réaction, *sf.*
Récapitulation, *sf.*
Réception, *sf.*
Récitation, *sf.*
Réclamation, *sf.*
Réconciliation, *sf.*
Récréation, *sf.*
Réduction, *sf.*
Réformation, *sf.*
Réfutation, *sf.*
Régénération, *sf.*
Relation, *sf.*
Rénonciation, *sf.*
Répartition, *sf.*
Répétition, *sf.*
Représentation, *sf.*
Réprobation, *sf.*
Réquisition, *sf.*
Résignation, *sf.*
Résolution, *sf.*
Respiration, *sf.*
Restauration, *sf.*
Restitution, *sf.*
Rétractation, *sf.*
Rétribution, *sf.*
Révélation, *sf.*
Révocation, *sf.*
Révolution, *sf.*

Salutation, *sf.*
Sanctification, *sf.*
Sanction, *sf.*
Satisfaction, *sf.*
Section, *sf.*
Sédition, *sf.*
Séduction, *sf.*
Sensation, *sf.*
Séparation, *sf.*
Signification, *sf.*
Situation, *sf.*
Solution, *sf.*
Souscription, *sf.*
Soustraction, *sf.*
Spéculation, *sf.*
Station, *sf.*
Stipulation, *sf.*
Sujétion, *sf.*
Superstition, *sf.*
Tentation, *sf.*
Tradition, *sf.*
Traduction, *sf.*
Transaction, *sf.*
Transfiguration, *sf.*
Translation, *sf.*
Transpiration, *sf.*
Transposition, *sf.*
Usurpation, *sf.*
Vocation, *sf.*
Variation, *sf.*
Végétation, *sf.*
Vénération, *sf.*
Versification, *sf.*
Vexation, *sf.*
Vibration, *sf.*
Violation, *sf.*
Vocation, *sf.*
Voy. *sion, xion.*

TRICT

District, *sm.*
Strict, *a. m.*

TRIE

Géométrie, *sf.*
Idolâtrie, *sf.*
Industrie, *sf.*

Patrie, *sf.*
Planimétrie, *sf.*
Trigonométrie, *sf.*
Voy. *terie.*

U

Bru, *sf.*
Voy. *ue, us, ut, ût, ux.*

UANT

Constituant, *a. m*
Gluant, *a. m.*
Voy. *uent.*

UC

Aqueduc, *sm.*
Archiduc, *sm.*
Caduc, *a. m.*
Duc, *sm.*
Suc, *sm.*
Voy. *uque.*

UE

Avenue, *sf.*
Bévue, *sf.*
Crue, *sf.*
Entrevue, *sf.*
Étendue, *sf.*
Laitue, *sf.*
Morue, *sf.*
Retenue, *sf.*
Revue, *sf.*
Rue, *sf.*
Sangsue, *sf.*
Tenue, *sf.*
Tortue, *sf.*
Voy. *u, us, ut, ût, ux.*

UÉE

Huée, *sf.*
Nuée, *sf.*

UENT

Confluent, *sm.*
Voy. *uant.*

UI

Autrui, *pron.*
Ennui, *sm.*
Étui, *sm.*
    Voy. *uie.*

UIE

Fuie, *sf.*
Parapluie, *sm.*
Pluie, *sf.*
Suie, *sf.*
Truie, *sf.*
    Voy. *ui.*

UL

Calcul, *sm.*
Consul, *sm.*
Proconsul, *sm.*
    Voy. *ule, ulle.*

ULE

Bascule, *sf.*
Canicule, *sf.*
Capsule, *sf,*
Cédule, *sf.*
Conciliabule, *sm.*
Corpuscule, *sm.*
Crapule, *sf.*
Crédule, *a.,* 2 *g.*
Crépuscule, *sm.*
Émule, *sm.*
Férule, *sf.*
Fistule, *sf.*
Formule, *sf*
Incrédule, *a.,* 2 *g.*
Majuscule, *sf.*
Matricule, *sf.*
Mule, *sf.*
Opuscule, *sm.*
Particule, *sf.*
Pendule, *sf.*
Péninsule, *sf.*
Pustule, *sf.*
Renoncule, *sf.*
Ridicule, *a.,* 2 *g.*
Vestibule, *sm.*
Virgule, *sf.*
    Voy. *ul, ulle.*

ULLE

Bulle, *sf.*
Canulle, *sf.*
    Voy. *ul, ule.*

UQUE

Caduque, *a. f.*
Nuque, *sf.*
Perruque, *sf.*
    Voy. *uc.*

UR

Futur, *sm. et a. m.*
    Voy. *ure.*

URE

Agriculture, *sf.*
Armure, *sf.*
Aventure, *sf.*
Augure, *sm.*
Bordure, *sf.*
Bouture, *sf.*
Brochure, *sf.*
Brodure, *sf.*
Brûlure, *sf.*
Capture, *sf.*
Ceinture, *sf.*
Censure, *sf.*
Chevelure, *sf.*
Clôture, *sf.*
Confiture, *sf.*
Conjecture, *sf.*
Conjoncture, *sf.*
Coupure, *sf.*
Courbature, *sf.*
Couture, *sf.*
Couverture, *sf.*
Créature, *sf.*
Culture, *sf.*
Cure, *sf.*
Devanture, *sf.*
Dictature, *sf.*
Dorure, *sf.*
Doublure, *sf.*
Droiture, *sf.*
Écriture, *sf.*
Égratignure, *sf.*
Enflure, *sf.*

Gravure, *sf.*
Injure, *sf.*
Lecture, *sf.*
Ligature, *sf.*
Luxure, *sf.*
Magistrature, *sf.*
Masure, *sf.*
Mâture, *sf.*
Mésaventure, *sf.*
Mesure, *sf.*
Miniature, *sf.*
Morsure, *sf.*
Nature, *sf.*
Nomenclature, *sf.*
Ordure, *sf.*
Ouverture, *sf.*
Parjure, *sm.*
Parure, *sf.*
Pâture, *sf.*
Peinture, *sf.*
Posture, *sf.*
Préfecture, *sf.*
Procédure, *sf.*
Rature, *sf.*
Réglure, *sf.*
Reliure, *sf.*
Rupture, *sf.*
Sépulture, *sf.*
Signature, *sf.*
Soudure, *sf.*
Tablature, *sf.*
Teinture, *sf.*
Tenture, *sf.*
Tonsure, *sf.*
Torture, *sf.*
Usure, *sf.*
Verdure, *sf.*
Voiture, *sf.*
    Voy. *ur.*

US

Agnus, *sm.*
Angélus, *sm.*
Blocus, *sm.*
Calus, *sm.*
Camus, *a. m.*
Jus, *sm.*
Prospectus, *sm.*

Pus, *sm.*
Rasibus, *prép.*
Rébus, *sm.*
Sinus, *sm.*
Surplus, *sm.*
Talus, *sm.*
Verjus, *sm.*
  Voy. *u, ue, ut,*
  ut, ux.

UT

Institut, *sm.*
Occiput, *sm.*
Préciput, *sm.*
Rebut, *sm.*
Salut, *sm.*
Substitut, *sm.*
  Voy. *u, ue, us,*
  ut, ux.

ÛT

Fût, *sm.*
  Voy. *u, ue, us,*
  ut, ux.

UTE

Brute, *sf.*
Chute, *sf.*
Culbute, *sf.*

Dispute, *sf.*
Minute, *sf.*
Volute, *sf.*

UX

Flux, *sm.*
Reflux, *sm.*
  Voy. *u, ue, us,*
  ut, ût.

VANT

Auparavant, *adv.*
Devant, *sm. et adv.*
Dorénavant, *adv.*
Levant, *sm.*
Savant, *sm.*
  Voy. *vent.*

VÉE

Corvée, *sf.*
Couvée, *sf.*
Cuvée, *sf.*
Levée, *sf.*

VENT

Contrevent, *sm.*
Couvent, *sm.*
Fervent, *a. m.*
Paravent, *sm.*

Souvent, *adv.*
Vent, *sm.*
  Voy. *vant.*

XIE

Apoplexie, *sf.*
Orthodoxie, *sf.*
  Voy. *ci, cie, sie*
  tie (se pron. *si*).

XION

Complexion, *sf.*
Fluxion, *sf.*
Génuflexion, *sf.*
Inflexion, *sf.*
Irréflexion, *sf.*
Réflexion, *sf.*
  Voy. *sion, tion.*

YEN

Citoyen, *sm.*
Concitoyen, *sm.*
Doyen, *sm.*
Moyen, *sm. et a. m.*
  Voy. *-ien.*

YENNE

Citoyenne, *sf.*
Concitoyenne, *sf.*

MOTS DANS LESQUELS SE TROUVENT :

AN

Atlantique, *a.,* 2 *g.*
Avantage, *sm.*
Bandage, *sm.*
Bande, *sf.*
Banqueroute, *sf.*
Banquier, *sm.*
Chancelier, *sm.*
Changer, *v.*
Chanter, *v.*
Chantier, *sm.*
Déranger, *v.*

Désavantage, *sm.*
Églantier, *sm.*
Épouvantable, *a.,*
  2 *g.*
Équiangle, *a.,* 2 *g.*
Étrange, *a.,* 2 *g.*
Étrangler, *v.*
Fainéantise, *sf.*
Fange, *sf.*
Franchise, *sf.*
Friandise, *sf.*
Gourmandise, *sf.*

Inébranlable, *a.,*
  2 *g.*
Infanticide, *sm.*
Janvier, *sm.*
Louange, *sf.*
Marchandise, *sf.*
Rectangle, *sm. et*
  a., 2 *g.*
Sangle, *sf.*
Sanglier, *sm.*
Trancher, *v.*
Triangle, *sm.*

EN

Aventurier , *sm.*
Calendrier , *sm.*
Indispensable , *a.* ,
  2 *g.*
Lamentable , *a.* ,
  2 *g.*

EIN

Peintre , *sm.*
Teinturier , *sm.*

IN

Épingle , *sf.*
Invincible , *a.* , 2 *g.*
Pinte , *sf.*
Principe , *sm.*

GEA

Démangeaison , *sf.*
Jaugeage , *sm.*
Mangeable , *a.* , 2 *g.*
Mangeaille , *sf.*
Orgeat , *sm.*
Partageable , *a.* ,
  2 *g.*
Vengeance , *sf.*

GEA

Rougeâtre , *a.* , 2 *g.*

GEO

Albigeois , *sm.*
Bourgeois , *sm.*
Bourgeoisie , *sf.*
Bourgeonner , *v.*
Drageon , *sm.*
Drageonner , *v.*
Flageolet , *sm.*
Grégeois , *a. m.*
Mangeoire , *sf.*
Nageoire , *sf.*
Rougeole , *sf.*

LL . (mouill.)

Aiguillon , *sm.*
Ailleurs , *adv.*
Artillerie , *sf.*

Artilleur , *sm.*
Babillard , *sm.*
Baillage , *sm.*
Bailleur , *sm.*
Bailli , *sm.*
Baillon , *sm.*
Barbillon , *sm.*
Bataillon , *sm.*
Bienveillance , *sf.*
Billard , *sm.*
Billet , *sm.*
Billot , *sm.*
Bouillir , *v.*
Bouillon , *sm.*
Braillard , *sm.*
Brouillard , *sm.*
Brouillon , *sm.*
Caillou , *sm.*
Carillon , *sm.*
Chatouillement ,
  sm.
Coquillage , *sm.*
Corbillard , *sm.*
Cotillon , *sm.*
Crémaillère , *sf.*
Cueillir , *v.*
Cuiller , *sf.*
Défaillance , *sf.*
Durillon , *sm.*
Échantillon , *sm.*
Enfantillage , *sm.*
s'Énorgueillir , *v.*
Faillite , *sf.*
Feuillage , *sm.*
Feuillet , *sm.*
Feuilleton , *sm.*
Filleul , *sm.*
Gaillard , *sm.*
Gaspillage , *sm.*
Goupillon , *sm.*
Grapillon , *sm.*
Guenillon , *sm.*
Guillemet , *sm.*
Infaillible , *a.* , 2 *g.*
Jaillir , *v.*
Juillet , *sm.*
Maillet , *sm.*
Maillot , *sm.*

Malveillance , *sf.*
Médaillon , *sm.*
Meilleur , *a. m.*
Orgueilleux , *a. m.*
Paillard , *sm.*
Paillon , *sm.*
Papillon , *sm.*
Pavillon , *sm.*
Pillage , *sm.*
Pillard , *sm.*
Postillon , *sm.*
Railleur , *sm.*
Recueillement , *sm.*
Recueillir , *v.*
Réveillon , *sm.*
Serpillère , *sf.*
Sillon , *sm.*
Souillure , *sf.*
Surveillance , *sf.*
Tailleur , *sm.*
Taillis , *sm.*
Tillac , *sm.*
Tilleul , *sm.*
Tourbillon , *sm.*
Travailleur , *sm.*
Treillage , *sm.*
Treillis , *sm.*
Vaillance , *sf.*
Vaillantise , *sf.*
Veilleuse , *sf.*
Vieillard , *sm.*
Vieillir , *v.*

LL (non mouil.)

Capillaire , *a.* , 2 *g.*
Distillation , *sf.*
Distiller , *v.*
Distillerie , *sf.*
Mielleux , *a. m.*
Milliard , *sm.*
Millième , *sm.*
Millier , *sm.*
Million , *sm.*
Pupille , *sm.*
Pusillanime , *a.* ,
  2 *g.*
Tranquille , *a.* , 2 *g.*
Tranquillité , *sf.*

Vaciller, *v.*
Vaudeville, *sm.*
Village, *sm.*
Villageois, *sm.*

IE

Aboiement, *sm.*
Bégaiement, *sm.*
Broiement, *sm.*
Crucifiement, *sm.*
Dévoiement, *sm.*
Gaiement, *adv.*
Maniement, *sm.*
Nettoiement, *sm.*
Paiement, *sm.*
Plaidoierie, *sf.*
Ralliement, *sm.*
Soierie, *sf.*
Tutoiement, *sm.*

UE

Dévouement, *sm.*
Enjouement, *sm.*
Enrouement, *sm.*
Rouerie, *sf.*
Tuerie, *sf.*

î

Remercîment, *sm.*

û

Dénoûment, *sm.*
Dénûment, *sm.*

É

Bélier, *sm.*
Espérer, *v.*
Février, *sm,*
Intrépide, *a.*, 2 *g.*
Invulnérable, *a.*, 2 *g.*
Jésuite, *sm.*
Pénétrer, *v.*
Pénible, *a.*, 2 *g.*
Prospérer, *v.*
Réforme, *sf.*
Rétine, *sf.*
Vénérable, *a.*, 2 *g.*

È

Brièveté, *sf.*
Espiègle, *a.*, 2 *g.*
Siècle, *sm.*

Ê

Crêpe, *s.*, 2 *g.*
Évêque, *sm.*
Gêner, *v.*
Guêpe, *sf.*

O

Aéropage, *sm.*
Décorer, *v.*
Déplorer, *v.*
Désoler, *v.*
Explosion, *sf.*
Flocon, *sf.*
Floraison, *sf.*
Provision, *sf.*
Sobre, *a.*, 2 *g.*
Tropique, *sm.*

ô

Apôtre, *sm.*
Prôner, *v.*

C

Concentrer, *v.*
Concerner, *v.*
Concerter, *v.*
Concevoir, *v.*
Concierge, *sm.*
Concilier, *v.*
Concision, *sf.*
Déconcerter, *v.*
Gencive, *sf.*
Licencier, *v.*
Racine, *sf.*
Suicide, *sm.*

S

Conserver, *v.*
Considérable, *a.*, 2 *g.*
Falsifier, *v.*
Insensé, *sm. et a. m.*

I

Insensible, *a.*, 2 *g.*
Inséparable, *a.*, 2 *g.*
Insérer, *v.*
Insermenté, *a. m.*
Insipide, *a. m.*
Insister, *v.*
Observer, *v.*
Persévérer, *v.*
Persister, *v.*
Subside, *sm.*

Ç

Arçou, *sm.*
Balançoire, *sf.*
Caleçon, *sm.*
Contrefaçon, *sf.*
Deça, *prép.*
Effaçable, *a.*, 2 *g.*
Façon, *sf.*
Façonner, *v.*
Forçat, *sm.*
Français, *sm.*
Garçon, *sm.*
Gerçure, *sf.*
Inéffaçable, *a.*, 2 *g.*
Leçon, *sf.*
Limaçon, *sm.*
Maçon, *sm.*
Maçonner, *v.*
Maçonnerie, *sf.*
Poinçon, *sm.*
Rançon, *sf.*
Rançonner, *v.*
Rinçure, *sf.*
Soupçon, *sm.*
Soupçonner, *v.*
Tierçon, *sm.*
Tronçon, *sm.*

ë

Moëlle, *sf.*
Noël, *sm.*

ï

Aïeul, *sm.*
Bisaïeul, *sm.*
Biscaïen, *sm.*
Camaïeu, *sm.*

Coïncider, *v.*
Égoïsme, *sm.*
Égoïste, *sm.*
Faïence, *sf,*
Gaïac, *sm.*
Haïr, *v.*
Héroïque, *a.*, 2 *g.*
Inouï, *a. m.*
Judaïque, *a.*, 2 *g.*
Judaïsme, *sm.*
Mosaïque, *sf.*
Naïf, *a. m.*
Naïveté, *sf.*
Ouïr, *v.*
Païen, *sm.*
Plébéïen, *sm.*
Prosaïque, *a.*, 2 *g.*
Rhomboïde, *sm.*
Stoïcien, *sm.*

ü

Aigüe, *a. f.*
Ambigüe, *a. f.*
Cigüe, *sf.*
Contigüe, *a. f.*
Esaü, *n. p.*
Saül, *n. p.*

OE

Bœuf, *sm.*
Manœuvre, *s.*, 2 *g.*
Nœud, *sm.*
Œuvre, *s.*, 2 *g.*
Œil, *sm.*
Œillet, *sm.*
Œuf, *sm.*
Sœur, *sf.*
Vœu, *sm.*

TI (se pron. ci)

Actionnaire, *sm.*
Ambitionner, *v.*
Balbutier, *v.*
Cautionner, *v.*
Cautionnement, *sm.*
Conditionnel, *sm.* et *a. m.*

Conditionner, *v.*
Confectionner, *v.*
Dialectitien, *sm.*
Dictionnaire, *sm.*
Essentiel, *a. m.*
Expéditionnaire, *sm.*
Impartial, *a. m.*
Impartialité, *sf.*
Impatience, *sf.*
Impatient, *a. m.*
Impatienter, *v.*
Initier, *v.*
Insatiable, *a.*, 2 *g.*
Martial, *a. m.*
Mentionner, *v.*
Munitionnaire, *sm.*
National, *a. m.*
Nationalité, *sf.*
Partial, *a. m.*
Partialité, *sf.*
Partiel, *a. m.*
Patience, *sf.*
Patient, *a. m.*
Patienter, *v.*
Perfectionnement, *sm.*
Perfectionner, *v.*
Pétitionnaire, *sm.*
Pétitionner, *v.*
Plénipotentiaire, *sm.*
Précautionner, *v.*
Propitiatoire, *sm.*
Proportionner, *v.*
Quotient, *sm.*
Révolutionnaire, *sm.*
Sanctionner, *v.*
Satiété, *sf.*
Stationnaire, *a.*, 2 *g.*

CH (se pron. k)

Anachorète, *sm.*
Anachronisme, *sm.*
Archange, *sm.*
Archéologie, *sf.*

Archiépiscopal, *a. m.*
Bacchante, *sf.*
Catéchumène, *sm.*
Eucharistie, *sf.*
Orchestre, *sm.*
Patriarchat, *sm.*

MB

Ambassade, *sf.*
Ambassadeur, *sm.*
Ambiguité, *sf.*
Ambition, *sf.*
Ambroisie, *sf.*
Ambulance, *sf.*
Bambin, *sm.*
Bamboche, *sf.*
Bambou, *sm.*
Bombance, *sf.*
Bombardement, *sm.*
Bombe, *sf.*
Calembourg, *sm.*
Chambellan, *sm.*
Chambrée, *sf.*
Chambrière, *sf.*
Colombe, *sf.*
Colombier, *sm.*
Combat, *sm.*
Combien, *adv.*
Combinaison, *sf.*
Combler, *v.*
Combustible, *sm.*
Combustion, *sf.*
Décembre, *sm.*
Dénombrement, *sm.*
Emballage, *sm.*
Emballer, *v.*
Embarcadère, *sm.*
Embarquer, *v.*
Embaumer, *v.*
Embellir, *v.*
Emblée, *adv.*
Emblême, *sm.*
Embrasement, *sm.*
Embraser, *v.*
Embrocher, *v.*

Embûche, sf.
Embuscade, sf.
Flambeau, sm.
Framboise, sf.
Imbécille, a., 2 g.
Imbécillité, sf.
Incombustible, a., 2 g.
Innombrable, a., 2 g.
Invraisemblable, a., 2 g.
Jambage, sm.
Jambe, sf.
Jambette, sf.
Jambon, sm.
Lambeau, sm.
Membrane, sf.
Nombre, sm.
Nombrer, v.
Ombrage, sm.
Ombrelle, sf.
Plomber, v.
Préambule, sm.
Remboursable, a., 2 g.
Remboursement, sm.
Rembourser, v.
Ressemblance, sf.
Ressemblant, a. m.
Semblable, a., 2 g.
Sembler, v.
Sombre, a., 2 g.
Somnambule, sm.
Tambour, sm.
Timbale, sf.
Timbre, sm.
Timbrer, v.
Tombe, sf.
Tombeau, sm.
Tombereau, sm.
Tomber, v.
Tremblement, sm.
Trembler, v.
Trombe, sf.
Vraisemblable, a., 2 g.

MP

Ample, a., 2 g.
Amplification, sf.
Ampoule, sf.
Amputation, sf.
Amputer, v.
Assomption, sf.
Campagnard, sm.
Campagne, sf.
Camper, v.
Champêtre, a., 2 g.
Champignon, sm.
Champion, sm.
Compagne, sf.
Compagnie, sf.
Compagnon, sm.
Compagnonage, sm.
Comparable, a. 2 g.
Comparaison, sf.
Comparaître, v.
Comparer, v.
Comparution, sf.
Compas, sm.
Compassion, sf.
Compatir, v.
Compatriote, sm.
Compensation, sf.
Compère, sm.
Compétence, sf.
Compétent, a. m.
Compilation, sf.
Complainte, sf.
Complaire, v.
Complaisance, sf.
Complément, sm.
Complice, sm.
Complicité, sf.
Compliment, sm.
Compliquer, v.
Componction, sf.
Composer, v.
Compositeur, sm.
Composition, sf.
Compote, sf.
Comprendre, v.
Compresse, sf.
Compression, sf.

Comprimer, v.
Compromis, sm.
Comptabilité, sf.
Comptable, a., 2 g.
Compter, v.
Comptoir, sm.
Compulser, v.
Contemplation, sf.
Contempler, v.
Contemporain, sm. et a. m.
Crampon, sm.
Domptable, a., 2 g.
Dompter, v.
Empaqueter, v.
s'Emparer, v.
Empêchement, sm.
Empêcher, v.
Empereur, sm.
Empeser, v.
Empeigne, sf.
Empire, sm.
Emplacement, sm.
Emplâtre, sm.
Emplette, sf.
Emplir, v.
Emploi, sm.
Empoigner, v.
Empoisonnement, sm.
Empoisonner, v.
Emportement, sm.
Emporter, v.
Empressement, sm.
Emprisonnement, sm.
Emprisonner, v.
Emprunter, v.
Emprunteur, sm.
Empreinte, sf.
Escompte, sm.
Escompter, v.
Exemplaire, sm.
Exemption, sf.
Grimper, v.
Guimpe, sf.
Impair, a. m.

Impardonnable, a., 2 g.
Imparfait, sm. et a. m.
Impasse, sf.
Impénitence, sf.
Impératif, sm. et a. m.
Imperceptible, a., 2 g.
Imperfection, sf.
Impérial, a. m.
Impériale, sf.
Impertinence, sf.
Impertinent, sm. et a. m.
Impétuosité, sf.
Impie, sm.
Impiété, sf.
Implacable, a., 2 g.
Implorer, v.
Impopulaire, a., 2 g.
Importance, sf.
Important, a. m.
Importuner, v.
Importunité, sf.
Imposer, v.
Imposition, sf.
Impossible, a., 2 g.
Impossibilité, sf.
Imposteur, sm.
Imposture, sf.
Impôt, sm.
Impraticable, a., 2 g.
Impression, sf.
Imprévu, a. m.
Imprimer, v.
Imprimeur, sm.
Improbation, sf.
Impromptu, sm.
Imprudence, sf.
Imprudent, a. m.
Improviser, v.
Impudicité, sf.
Impudique, sf.
Impuissance, sf.

Impuissant, a. m.
Impunément, adv.
Impunité, sf.
Impur, a. m.
Impureté, sf.
Imputation, sf.
Imputer, v.
Incomparable, a., 2 g.
Incompétence, sf.
Incompétent, a. m.
Indomptable, a., 2 g.
Intempérance, sf.
Intempérant, a. m.
Lampe, sf.
Lampion, sm.
Lamproie, sf.
Limpide, a., 2 g.
Pampre, sm.
Pompe, sf.
Pompeux, a. m.
Pompier, sm.
Pompon, sm.
Présomption, sf.
Présomptueux, a. m.
Prompt, a. m.
Promptitude, sf.
Rampe, sf.
Ramper, v.
Récompense, sf.
Récompenser, v.
Rédempteur, sm.
Rédemption, sf.
Rempart, sm.
Remplacer, v.
Remplir, v.
Rompre, v.
Simple, a., 2 g.
Simplicité, sf.
Simplifier, v.
Somptuaire, a., 2 g.
Somptuosité, sf.
Tempérament, sm.
Tempérance, sf.
Tempérant, a. m.

Température, sf.
Tempérer, v.
Tempête, sf.
Temple, sm.
Temporaire, a., 2 g.
Temporiseur, sm.
Tremper, v.
Trompe, sf.
Tromper, v.
Trompette, sf.
Trompeur, sm.

PH

Alphabet, sm.
Alphabétique, a., 2 g.
Amphibie, sm. et a., 2 g.
Amphibologique, a., 2 g.
Apostrophe, sf.
Atmosphère, sf.
Autographe, sm. et a., 2 g.
Bibliographe, sm.
Bibliographie, sf.
Bibliophile, sm.
Biographe, sm.
Biographie, sf.
Blasphême, sm.
Blasphêmer, v.
Blasphèmateur, sm.
Bosphore, sm.
Cacographie, sf.
Calligraphie, sf.
Camphre, sm.
Cosmographie, sf.
Dauphin, sm.
Éléphant, sm.
Éphémère, a., 2 g.
Épigraphe, sf.
Épiphanie, sf.
Épitaphe, sf.
Géographie, sf.
Graphomètre, sm.
Limitrophe, a., 2 g.

Métamorphose, *sf.*
Olographe, *a.*, 2 *g.*
Orphelin, *sm.*
Pamphlet, *sm.*
Paragraphe, *sm.*
Périphrase, *sf.*
Planisphère, *sm.*
Prophète, *sm.*
Prophétesse, *sf.*
Sarcophage, *sm.*
Séraphin, *sm.*
Siphon, *sm.*
Sopha, *sm.*
Sophi, *sm.*
Sophisme, *sm.*
Sophiste, *sm.*
Sphère, *sf.*
Sphérique, *a.*, 2 *g.*
Sténographe, *sm.*
Sténographie, *sf.*
Télégraphe, *sm.*
Topographie, *sf.*
Triomphateur, *sm.*
Triomphe, *sm.*
Triompher, *v.*
Trophée, *sm.*
Uranographie, *sf.*

TH

Absinthe, *sf.*
Acanthe, *sf.*
Althœa, *sf.*
Amphithéâtre, *sm.*
Anathême, *sm.*
Anthropophage, *sm.*
Antipathie, *sf.*
Antipathique, *a.*, 2 *g.*
Antithèse, *sf.*
Apathie, *sf.*
Apothéose, *sf.*
Apothicaire, *sm.*
Arithméticien, *sm.*
Arithmétique, *sf.*
Asthmatique, *s.*, 2 *g.*, et *a.*, 2 *g.*
Asthme, *sm.*

Athée, *sm.*
Athéisme, *sm.*
Athénée, *sm.*
Athlète, *sm.*
Athlétique, *a.*, 2 *g.*
Atmosphère, *sf.*
Authenticité, *sf.*
Authentique, *a.*, 2 *g.*
Bibliothécaire, *sm.*
Bibliothèque, *sf.*
Cathédrale, *sf.*
Catholique, *sm.* et *a.*, 2 *g.*
Catholicité, *sf.*
Corinthien, *a. m.*
Enthousiasme, *sm.*
Épithalame, *sm.*
Gothique, *a.*, 2 *g.*
Lithographie, *sf.*
Léthargie, *sf.*
Logarithme, *sm.*
Méthode, *sf.*
Misanthrope, *sm.*
Misanthropie, *sf.*
Orthodoxe, *a.*, 2 *g.*
Orthodoxie, *sf.*
Orthographe, *sf.*
Orthopédie, *sf.*
Panthéon, *sm.*
Panthère, *sf.*
Parenthèse, *sf.*
Pathétique, *a.*, 2 *g.*
Philanthrope, *sm.*
Philanthropie, *sf.*
Posthume, *a.*, 2 *g.*

SC

Acquiescer, *v.*
Adolescence, *sf.*
Adolescent, *sm.* et *a. m.*
Ascendant, *sm.*
Ascension, *sf.*
Ascétique, *a.*, 2 *g.*
Attiscisme, *sm.*
Concupiscence, *sf.*

Condescendance, *sf.*
Condescendre, *v.*
Condisciple, *sm.*
Conscience, *sf.*
Consciencieux, *a. m.*
Convalescence, *sf.*
Convalescent, *a. m.*
Desceller, *v.*
Descendant, *a. m.*
Descendre, *v.*
Descente, *sf.*
Discernement, *sm.*
Discerner, *v.*
Disciple, *sm.*
Discipline, *sf.*
Disconvenance, *sf.*
Discordance, *sf.*
Discordant, *a. m.*
Discourir, *v.*
Escient, *sm.*
Effervescense, *sf.*
Faisceau, *sm.*
Fasciner, *v.*
s'Immiscer, *v.*
Indiscipline, *sf.*
Isoscèle, *a.*, 2 *g.*
Lascif, *a. m.*
Obcène, *a.*, 2 *g.*
Obscénité, *sf.*
Piscine, *sf.*
Prescience, *sf.*
Ressusciter, *v.*
Susceptible, *a.*, 2 *g.*
Susciter, *v.*
Trascendant, *a. m.*
Viscère, *sm.*

Y

Abbaye, *sf.*
Acolyte, *sm.*
Aloyau, *sm.*
Analyse, *sf.*
Analyser, *v.*
Anonyme, *sm.* et *a.*, 2 *g.*
Apocalypse, *sf.*

Apocryphe, a., 2 g.
Appuyer, v.
Asphyxier, v.
Balayer, v.
Bégayer, v.
Boyau, sm.
Broyer, v.
Bruyant, a. m.
Bruyère, sf.
Cacochyme, sm. et a., 2 g.
Charroyer, v.
Choyer, v.
Chyle, sm.
Clairvoyance, sf.
Clairvoyant, a. m.
Clystère, sm.
Corroyeur, sm.
Coryphée, sm.
Cotoyer, v.
Crayon, sm.
Croyance, sf.
Croyant, sm.
Cylindre, sm.
Cymbale, sf.
Cynique, sm. et a., 2 g.
Cynisme, sm.
Cyprès, sm.
Déblayer, v.
Défrayer, v.
Délayer, v.
Déployer, v.
Dyssenterie, sf.
Écuyer, sm.
Effrayer, v.
Effroyable, a., 2 g.
Égayer, v.
Elysée, sm.
Employer, v.
Empyrée, sm.
Encyclopédie, sf.
Ennuyer, v.
Envoyer, v.
Erysipèle, sm.
Essayer, v.
Essuyer, v.
Étayer, v.

Fossoyeur, sm.
Foudroyer, v.
Foyer, sm.
Frayer, v.
Frayeur, sf.
Fuyard, sm.
Grasseyer, v,
Impitoyable, a., 2 g.
Imprévoyance, sf.
Incroyable, a., 2 g.
Joyau, sm.
Joyeux, a. m.
Labyrinthe, sm.
Logogryphe, sm.
Loyal, a. m.
Loyauté, sf.
Loyer, sm.
Martyriser, v.
Martyrologe, sm.
Métaphysique, sf.
Métayer, sm.
Métempsycose, sf.
Monnoyeur, sm.
Mystère, sm.
Mystérieux, a. m.
Mythologie, sf.
Moyennant, adv.
Moyeu, sm.
Mylord, sm.
Néophythe, sm.
Nettoyer, v.
Noyau, sm.
Noyer, v.
Nymphe, sf.
Olympe, sm.
Olympiade, sf.
Ondoyer, v.
Oxygène, sm.
Panégyrique, sm.
Panégyriste, sm.
Paralysie, sf.
Paralytique, s., 2 g.
Payable, a., 2 g.
Payer, v.
Payeur, sm.
Pays, sm.
Paysage, sm.

Paysan, sm.
Physicien, sm.
Physiologie, sf.
Physionomie, sf.
Physique, sf.
Pitoyable, a., 2 g.
Plaidoyer, sm.
Plancheyer, v.
Ployer, v.
Polygamie, sf.
Polygone, sm.
Polygraphe, sm.
Polynome, sm.
Polype, sm.
Polytechnique, a., 2 g.
Porphyre, sm.
Presbytère, sm.
Prévoyance, sf.
Prosélyte, sm.
Pygmée, sm.
Pyramide, sf,
Rayer, v.
Rayon, sm.
Rayonnant, a. m.
Rayure, sf.
Renvoyer, v.
Royal, a. m.
Royaliste, sm.
Royaume, sm.
Royauté, sf.
Sibylle, sf.
Stéréotyper, v.
Style, sm.
Stylet, sm.
Syllabaire, sm.
Syllabe, sf.
Syllogisme, sm.
Symbale, sm.
Symétrie, sf.
Sympathie, sf.
Sympathique, a., 2 g.
Sympathiser, v.
Symphonie, sf.
Symptôme, sm.
Synagogue, sf.
Syncope, sf.

Syndic, *sm.*
Syndicat, *sm.*
Synode, *sm.*
Synonyme, *sm. et*
   a., 2 *g.*
Syntaxe, *sf.*
Synthèse, *sf.*
Système, *sm.*
Tutoyer, *v.*
Tuyau, *sm.*
Tymbale, *sf.*
Tyrannie, *sf.*
Voyage, *sm.*
Voyager, *v.*
Voyageur, *sm.*
Voyelle, *sf.*

Z

Amazone, *sf.*

Apozème, *sm.*
Azimut, *sm.*
Azote, *sm.*
Azur, *sm.*
Azyme, *a.*, 2 *g.*
Bazar, *sm.*
Bizarre, *a.*, 2 *g.*
Bizarrerie, *sf.*
Bronze, *sm.*
Czar, *sm.*
Dizain, *sm.*
Dizaine, *sf.*
Douzaine, *sf.*
Douze, *a. n.*
Douzième, *a. n.*
Gazelle, *sf.*
Gazette, *sf.*
Gazon, *sm.*
Gazouiller, *v.*

Gazouillement,
   sm.
Lazaret, *sm.*
Lézard, *sm.*
Lézardé, *a. m.*
Luzerne, *sf.*
Onze, *a. n.*
Onzième, *a. n.*
Quatorze, *a. n.*
Quatorzième, *a. n.*
Quinzaine, *sf.*
Quinze, *a. n.*
Rizière, *sf.*
Suzerain, *sm.*
Syzigie, *sf.*
Treizième, *a. n.*
Vizir, *sm.*
Zig-zag, *sm.*
Zizanie, *sf.*

MOTS QUI NE PRENNENT QUE :

F

Gaufre, *sf.*
Soufre, *sm.*

L

Alarme, *sf.*
Chandelier, *sm.*
Coutelier, *sm.*
Égaler, *v.*
Postuler, *v.*
Tolérer, *v.*
Voile, *sm.*
Voler, *v.*

M

Entamer *v.*
Proclamer, *v.*
Promenade, *sf.*
Promener, *v.*

N

Chicaner, *v.*

Déshonorer, *v.*
Douanier, *sm.*
Émaner, *v.*
Glaner, *v.*
Honorer, *v.*
Marine, *sf.*
Panetier, *sm.*
Panier, *sm.*
Patronage, *sm.*
Planer, *v.*
Profaner, *v.*
Ranimer, *v.*
Timonier, *sm.*
Tribune, *sf.*

P

Apaiser, *v.*
Apanage, *sm.*
Apercevoir, *v.*
Fripier, *sm.*
Galoper, *v.*
Groupe, *sm.*

Jupe, *sf.*
Jupon, *sm.*
Rapine, *sf.*
Saper, *v.*
Sapeur, *sm.*
Soupe, *sf.*
Taupe, *sf.*
Tripe, *sf.*
Tripier, *sm.*

R

Arborer, *v.*
Dévorer, *v.*
Dorer, *v.*
Égarer, *v.*
Parer, *v.*
Parier, *v.*

T

Atelier, *sm.*
Batelier, *sm.*
Buvetier, *sm.*
Dater, *v.*

Dilater, *v.*
Doter, *v.*
Éclater, *v.*
Jeton, *sm.*

Limite, *sf.*
Lunetier, *sm.*
Marmite, *sf.*
Noisetier, *sm.*

Noter, *v.*
Relater, *v.*
Tabletier, *sm.*
Voter, *v.*

MOTS QUI PRENNENT :

BB

Abbé, *sm.*
Rabbin, *sm.*
Sabbat, *sm.*

CC

Accabler, *v.*
Accaparer, *v.*
Accapareur, *sm.*
Accéder, *v.*
Accélérer, *v.*
Acceptable, *a.*, 2 *g.*
Acceptation, *sf.*
Accepter, *v.*
Acception, *sf.*
Accident, *sm.*
Acclamation, *sf.*
Accolade, *sf.*
Accompagner, *v.*
Accomplir, *v.*
Accouchement, *sm.*
Accoucheur, *sm.*
Accourcir, *v.*
Accourir, *v.*
Accoutumer, *v.*
Accrocher, *v.*
Accroire, *v.*
Accumuler, *v.*
Accusable, *a.*, 2 *g.*
Accusateur, *sm.*
Accusatif, *sm.*
Accusation, *sf.*
Accuser, *v.*
Baccalauréat, *sm.*
Ecclésiastique, *sm.*
Occasion, *sf.*

Occident, *sm.*
Occidental, *a. m.*
Occupation, *sf.*
Occuper, *v.*
Raccourcir, *v.*
Saccager, *v.*
Succéder, *v.*
Succomber, *v.*
Succulent, *a. m.*
Succursale, *sf.*
Vaccin, *sm.*
Vaccine, *sf.*
Vacciner, *v.*

DD

Addition, *sf.*
Reddition, *sf.*

FF

Affable, *a.*, 2 *g.*
Affaiblir, *v.*
Affamer, *v.*
Affectation, *sf.*
Affecter, *v.*
Affection, *sf.*
Affectueux, *a. m.*
Affermer, *v.*
Affermir, *v.*
Affiche, *sf.*
Afficheur, *sm.*
Affidé, *sm. et a. m.*
Affirmatif, *a. m.*
Affirmation, *sf.*
Affirmer, *v.*
Affliction, *sf.*
Affliger, *v.*
Affluence, *sf.*

Affluent, *sm. et a. m.*
Affranchi, *sm.*
Affranchir, *v.*
Affreux, *a. m.*
Affronter, *v.*
Biffer, *v.*
Bouffon, *sm.*
Buffet, *sm.*
Buffle, *sm.*
Chauffage, *sm.*
Chauffer, *v.*
Chaufferie, *sf.*
Chiffon, *sm.*
Chiffre, *sm.*
Coffre, *sm.*
Coiffe, *sf.*
Coiffeur, *sm.*
Coiffure, *sf.*
Déchiffrer, *v.*
Diffamant, *a. m.*
Diffamation, *sf.*
Diffamatoire, *a.*, 2 *g.*
Diffamer, *v.*
Différence, *sf.*
Différer, *v.*
Difficulté, *sf.*
Difforme, *a.*, 2 *g.*
Difformité, *sf.*
Échauffaison, *sf.*
Échauffer, *v.*
Effacer, *v.*
Effectuer, *v.*
Efféminé, *a. m.*
Effet, *sm.*
Efficace, *a.*, 2 *g.*

Efficacité, *sf.*
s'Efforcer, *v.*
Effréné, *a. m.*
Effroi, *sm.*
Effronterie, *sf.*
Étouffer, *v.*
Étouffoir, *sm.*
Flatter, *v.*
Flatteur, *sm.*
Gouffre, *sm.*
Greffe, *sm.*
Greffer, *v.*
Greffier, *sm.*
Griffe, *sf.*
Griffon, *sm.*
Indéchiffrable, *a.,* 2 *g.*
Indifférence, *sf.*
Indifférent, *a. m.*
Ineffable, *a.,* 2 *g.*
Inefficace, *a.,* 2 *g.*
Insuffisance, *sf.*
Offense, *sf.*
Offenser, *v.*
Offertoire, *sm.*
Office, *s.,* 2 *g.*
Offrande, *sf.*
Offre, *sf.*
Offrir, *v.*
Raffermir, *v.*
Raffiner, *v.*
Raffinerie, *sf.*
Raffineur, *sm.*
Réchauffer, *v.*
Sifflement, *sm.*
Souffler, *v.*
Souffleur, *sm.*
Souffrance, *sf.*
Souffrir, *v.*
Suffire, *v.*
Suffisance, *sf.*
Suffoquer, *v.*
Suffragant, *sm. et a. m.*
Suffrage, *sm.*
Taffetas, *sm.*
Touffu, *a. m.*
Truffe, *sf.*

GG

Aggravant, *a. m.*
Aggraver, *v.*
Suggérer, *v.*

LL

Alléger, *v.*
Alléguer, *v.*
Alliage, *sm.*
Alliance, *sf.*
Allié, *sm.*
Allier, *v.*
Allonger, *v.*
Allumer, *v.*
Allure, *sf.*
Allusion, *sf.*
Alluvion, *sf.*
Amollir, *v.*
Ballade, *sf.*
Ballon, *sm.*
Ballot, *sm.*
Belliqueux, *a. m.*
Bulletin, *sm.*
Cellule, *sf.*
Collaborateur, *sm.*
Collatéral, *a. m.*
Collation, *sf.*
Collecte, *sf.*
Collectif, *sm.*
Collection, *sf.*
Collégien, *sm.*
Collégue, *sm.*
Collier, *sm.*
Colline, *sf.*
Colloque, *sm.*
Constellation, *sf.*
Coquillage, *sm.*
Corollaire, *sm.*
Cristallin, *sm.*
Ellipse, *sf.*
Enfantillage, *sm.*
Excellence, *sf.*
Excellent, *a. m.*
Exceller, *v.*
Falloir, *v.*
Flagellation, *sf.*
Flageller, *v.*

Follâtre, *a.,* 2 *g.*
Gallican, *a. m.*
Illégalité, *sf.*
Illégitime, *a.,* 2 *g.*
Illicite, *a.,* 2 *g.*
Illisible, *a.,* 2 *g.*
Illumination, *sf.*
Illuminer, *v.*
Illusion, *sf.*
Illusoire, *a.,* 2 *g.*
Illustration, *sf.*
Illustre, *a.,* 2 *g.*
Illustrer, *v.*
Installation, *sf.*
Installer, *v.*
Intelligence, *sf.*
Intelligent, *a. m.*
Journellement, *adv.*
Mésalliance, *sf.*
Mésallier, *v.*
Millionaire, *sm.*
Mollement, *adv.*
Mollet, *sm.*
Molleton, *sm.*
Mollière, *sf.*
Mollir, *v.*
Nullité, *sf.*
Parallaxe, *sf.*
Parallèle, *s.,* 2 *g., et a.,* 2 *g.*
Pelleterie, *sf.*
Pillule, *sf.*
Rallier, *v.*
Rallonge, *sf.*
Ramollir, *v.*
Rébellion, *sf.*
Récollet, *sm.*
Renouvellement, *sm.*
Satellite, *sm.*
Sollicitation, *sf.*
Solliciter, *v.*
Vallon, *sm.*

MM

Commandant, *sm.*

Commandement, sm.
Commander, v.
Commandite, sf.
Commencement, sm.
Commensurable, a., 2 g.
Comment, adv.
Commentaire, sm.
Commentateur, sm.
Commenter, v.
Commerce, sm.
Commère, sf.
Commisération, sf.
Commode, sf. et a., 2 g.
Commodément, adv.
Commodité, sf.
Commotion, sf.
Communal, a. m.
Communauté, sf.
Commun, a. m.
Commune, sf.
Communication, sf.
Communier, v.
Communion, sf.
Communiquer, v.
Commutation, sf.
Consommateur, sm.
Consommation, sf.
Consommer, v.
Dédommagement, sm.
Dédommager, v.
Dénommer, v.
Dommage, sm.
Emmagasiner, v.
Emmancher, v.
Emmener, v.
Endommager, v.
Enflammer, v.
Excommunication, sf.

Femme, sf.
Grammaire, sf.
Grammairien, sm.
Grammatical, a.m.
Immanquable, a., 2 g.
Immémorial, a. m.
Immense, a., 2 g.
Immensité, sf.
Immersion, sf.
Immeuble, sm.
Imminent, a. m.
Immobile, a., 2 g.
Immobilité, sf.
Immodéré, a. m.
Immodeste, a., 2 g.
Immodestie, sf.
Immolation, sf.
Immoler, v.
Immonde, a., 2 g.
Immoral, a. m.
Immoralité, sf.
Immortaliser, v.
Immortalité, sf.
Immuable, a., 2 g.
Incommensurable, a., 2 g.
Incommode, a., 2 g.
Incommodité, sf.
Inflammable, a., 2 g.
Inflammatoire, a., 2 g.
Nommer, v.
Notamment, adv.
Pommade, sf.
Pommier, sm.
Précipitamment, adv.
Recommandable, a., 2 g.
Recommandation, sf.
Recommander, v.
Sommaire, sm. et a., 2 g.

Sommation, sf.
Sommeil, sm.
Sommer, v.
Sommet, sm.
Surnommer, v.

NN

Abandonner, v.
Abonné, sm.
Abonnement, sm.
Ancienneté, sf.
Anneau, sm.
Anniversaire, sm.
Annonce, sf.
Annoncer, v.
Annonciation, sf.
Annuler, v.
Bannière, sf.
Bannir, v.
Bastonnade, sf.
Bâtonnier, sm.
Bonbonnière, sf.
Bonnet, sm.
Bonnetier, sm.
Bouchonner, v.
Bourdonnement, sm.
Cannibal, sm.
Canonnade, sf.
Canonnier, sm.
Cantonnement, sm.
Cartonnage, sm.
Cartonner, v.
Chansonnier, sm.
Chardonneret, sm.
Chaudronnier, sm.
Connétable, sm.
Connivence, sf.
Convulsionnaire, sm.
Cordonnier, sm.
Cordonnnerie, sf.
Cotonnade, sf.
Couronnement, sm.
Couronner, v.
Débonnaire, a., 2 g.
Déshonnête, a., 2 g.

Déshonneur, *sm.*
Détonnation, *sf.*
Donner, *v.*
Échelonner, *v.*
Ennemi, *sm.*
Ennoblir, *v.*
Entonner, *v.*
Entonnoir, *sm.*
Environner, *v.*
Espionnage, *sm.*
Espionner, *v.*
Étonnement, *sm.*
Étonner, *v.*
Étrenner, *v.*
Fanfaronnerie, *sf.*
Friponner, *v.*
Friponnerie, *sf.*
Gasconnade, *sf.*
Gloutonnerie, *sf.*
Goudronner, *v.*
Grisonner, *v.*
Inconnu, *sm. et*
  a. m.
Innocence, *sf.*
Innocent, *a. m.*
Innovateur, *sm.*
Innovation, *sf.*
Innover, *v.*
Légionnaire, *sm.*
Malhonnête, *a.*, 2 *g.*
Mannequin, *sm.*
Méconnaître, *v.*
Nautonnier, *sm.*
Ordonnance, *sf.*
Ordonner, *v.*
Pardonnable, *a.*,
  2 *g.*
Pardonner, *v.*
Pensionnaire, *s.*,
  2 *g.*
Pensionnat, *sm.*
Persienne, *sf.*
Personnage, *sm.*
Personnalité, *sf.*
Personnifier, *v.*
Pinnule, *sf.*
Plafonner, *v.*
Poltronnerie, *sf.*

Prisonnier, *sm.*
Raisonnable, *a.*,
  2 *g.*
Raisonnement, *sm.*
Ramonner, *v.*
Ramonneur, *sm.*
Reconnaître, *v.*
Religionnaire, *sm.*
Sansonnet, *sm.*
Savonner, *v.*
Sonnerie, *sf.*
Sorbonne, *sf.*
Tanner, *v.*
Tannerie, *sf.*
Tanneur, *sm.*
Tâtonner, *v.*
Tonneau, *sm.*
Tonnelier, *sm.*
Tonner, *v.*
Visionnaire, *sm.*

PP

Apparaître, *v.*
Appareil, *sm.*
Apparence, *sf.*
Apparent, *a. m.*
Apparition, *sf.*
Appartement, *sm.*
Appartenir, *v.*
Appauvrir, *v.*
Appeau, *sm.*
Appel, *sm.*
Appelant, *sm. et*
  a. m.
Appendice, *sm.*
Appesantir, *v.*
Appétit, *sm.*
Applaudir, *v.*
Applicable, *a.*, 2 *g.*
Application, *sf.*
Appliquer, *v.*
Appoint, *sm.*
Apporter, *v.*
Apposer, *v.*
Apposition, *sf.*
Appréciable, *a.* 2 *g.*
Appréciation, *sf.*
Apprécier, *v.*

Appréhender, *v.*
Appréhension, *sf.*
Apprendre, *v.*
Apprenti, *sm.*
Apprêter, *v.*
Apprivoiser, *v.*
Approbation, *sf.*
Approche, *sf.*
Approcher, *v.*
Approfondir, *v.*
Approuver, *v.*
Approximation, *sf.*
Appui, *sm.*
Désapprouver, *v.*
Développement,
  sm.
Développer, *v.*
Échapper, *v.*
Envelopper, *v.*
Frapper, *v.*
Insupportable, *a.*,
  2 *g.*
Opposer, *v.*
Opposition, *sf.*
Opprimer, *v.*
Opprobe, *sm.*
Rappel, *sm.*
Rapport, *sm.*
Rapporter, *v.*
Rapporteur, *sm.*
Rapprendre, *v.*
Rapprocher, *v.*
Suppléant, *a. m.*
Supplément, *sm.*
Supplémentaire,
  a., 2 *g.*
Suppliant, *a. m.*
Supplication, *sf.*
Supplice, *sm.*
Supplier, *v.*
Supplique, *sf.*
Supportable, *a.*,
  2 *g.*
Supporter, *v.*
Supposer, *v.*
Supposition, *sf.*
Suppôt, *sm.*
Supprimer, *v.*

Suppuration , sf.
Suppurer, v.
Supputer, v.
Trappe, sf.
Trappiste , sm.

RR

Abhorrer, v.
Aguerrir, v.
Amarrage, sm.
Arracher, v.
Arracheur, sm.
Arranger, v.
Arrestation , sf.
Arrêt, sm.
Arrêter, v.
Arrière, prép.
Arrivage, sm.
Arriver, v.
Arrogant, a. m.
Arrogance, sf.
Arrondir, v.
Arroser, v.
Arrosoir, sm.
Barreau, sm.
Barrer, v.
Barricade, sf.
Barrière, sf.
Barrique, sf.
Bourrache, sf.
Bourrasque, sf.
Bourreau, sm.
Bourrelier, sm.
Bourrelet, sm.
Bourrer, v.
Bourrique, sf.
Bourru, a. m.
Carré, sm.
Carreau, sm.
Carréfour, sm.
Carrelage, sm.
Carrelet, sm.
Carrière, sf.
Carrousel, sm.
Catarrhe, sm.
Charretier, sm.
Charrier, v.
Charroi, sm.

Charron, sm.
Charrue, sf.
Concurrence, sf.
Concurrent, sm. et
  a. m.
Correctement, adv.
Correction, sf.
Correspondant, sm.
Correspondance,
  sf.
Corridor, sm.
Corriger, v.
Corrompre, v.
Corrupteur, sm.
Corruption, sf.
Courrier, sm.
Courroie, sf.
Courroucer, v.
Derrière, sm. et
  prép.
Déterrer, v.
Enterrer, v.
Enterrement, sm.
Errant, a. m.
Errata, sm.
Errer, v.
Erreur, sf.
Ferrer, v.
Ferrure, sf.
Fourrage, sm.
Fourreau, sm.
Fourrer, v.
Fourrier, sm.
Guerrier, sm.
Incorrigible, a., 2 g.
Incorruptible, a.,
  2 g.
Insurrection, sf.
Interrègne, sm.
Interrogation, sf.
Interrogatoire, sm.
Interroger, v.
Interrompre, v.
Interruption, sf.
Irrécusable, a., 2 g.
Irrégularité, sf.
Irrégulier, a. m.
Irréligion, sf.

Irréparable, a., 2 g.
Irrésolution, sf.
Irrévérence, sf.
Irrévocable, a., 2 g.
Irritation, sf.
Irriter, v.
Irruption, sf.
Jarret, sm.
Jarretière, sf.
Larron, sm.
Marraine, sf.
Marron, sm.
Merrain, sm.
Narrateur, sm.
Narration, sf.
Narrer, v.
Nourrice, sf.
Nourrir, v.
Nourriture, sf.
Parrain, sm.
Parricide, sm.
Perrière, sf.
Perron, sm.
Perroquet, sm.
Perruche, sf.
Perruquier, sm.
Pierre, sf.
Pierreux, a. m.
Porreau, sm.
Pourrir, v.
Pourriture, sf.
Résurrection, sf.
Serrer, v.
Serrure, sf.
Serrurerie, sf.
Serrurier, sm.
Souterrain, sm. et
  a. m.
Terrain, sm.
Terre, sf.
Terreau, sm.
Terrestre, a., 2 g.
Terreur, sf.
Terrible, a., 2 g.
Terrine, sf.
Territoire, sm.
Terroriste, sm.
Torrent, sm.

Verroterie, sf.
Verrou, sm.
Verrue, sf.

SS

Abaissement, sm.
Abaisser, v.
Admissible, a., 2 g.
Admission, sf.
Adoucissement, sm.
Adresser, v.
Agresseur, sm.
Agression, sf.
Amasser, v.
Angoisse, sf.
Apetisser, v.
Arbrisseau, sm.
Assaut, sm.
Assemblage, sm.
Assener, v.
Assentiment, sm.
Asseoir, v.
Assertion, sf.
Asservir, v.
Assez, adv.
Assidu, a. m,
Assiduité, sf.
Assiéger, v.
Assignat, sm.
Assignation, sf.
Assigner, v.
Assistance, sf.
Assister, v.
Association, sf.
Associer, v.
Assortiment, sm.
Assortir, v.
Assoupir, v.
Assouvir, v.
Assurance, sf.
Assurer, v.
Assureur, sm.
Aussitôt, adv.
Avertissement, sm.
Baisser, v.
Baissière, sf.
Basset, sm.

Bassin, sm.
Bassinet, sm.
Bassinoire, sf.
Bâtisse, sf.
Basson, sm.
Blanchissage, sm.
Blanchisseur, sm.
Blesser, v.
Blessure, sf.
Boisseau, sm.
Boisselier, sm.
Boisson, sf.
Bossu, sm.
Boussole, sf.
Brasser, v.
Brasserie, sf.
Brasseur, sm.
Brosser, v.
Buisson, sm.
Caissier, sm.
Caisson, sm.
Caresser, v.
Carnassier, sm.
Carnassière, sf.
Cassation, sf.
Casser, v.
Casserole, sf.
Cassonade, sf.
Cassure, sf.
Cessation, sf.
Cesser, v.
Chasser, v.
Chasseur, sm.
Chausser, v.
Chausson, sm.
Chaussure, sf.
Classification sf.
Classique, sm et a. m.
Clisser, v.
Colossal, a. m.
Concasser, v.
Concession, sf.
Concussion, sf.
Confesser, v.
Confession, sf.
Coussin, sm.
Crasseux, a. m.

Cresson, sm.
Croissance, sf.
Croissant, sm.
Cuirassier, sm.
Cuisson, sf.
Déchausser, v.
Décrasser, v.
Dégraisser, v.
Dégraisseur, sm.
Dégrossir, v.
Délaisser, v.
Délassement, sm.
Délasser, v.
Démission, sf.
Dépasser, v.
Désintéressement, sm.
Désobéissance, sf.
Dessèchement, sm.
Dessécher, v.
Desservir, v.
Dessert, sm.
Dessinateur, sm.
Dessiner, v.
Détrousser, v.
Dessus, adv.
Discussion, sf.
Dissection, sf.
Disséminer, v.
Dissension, sf.
Dissertation, sf.
Disserter, v.
Dissident, sm.
Dissimulation, sf.
Dissimuler, v.
Dissipateur, sm.
Dissipation, sf.
Dissolu, a. m.
Dissolution, sf.
Dissolvant, sm. et a. m.
Divertissement, sm.
Dossier, sm.
Dresser, v.
Éclabousser, v.
Éclaircissement, sm.

Écusson, *sm.*
Embrasser, *v.*
Émissaire, *sm.*
Émission, *sf.*
Émousser, *v.*
Encaissement, *sm.*
Encaisser, *v.*
Enchérisseur, *sm.*
Endosser, *v.*
Endossement, *sm.*
Endosseur, *sm.*
Endurcissement, *sm.*
Engourdissement, *sm.*
Engraisser, *v.*
Entasser, *v.*
Épaisseur, *sf.*
Épaissir, *v.*
Esquisser, *v.*
Essieu, *sm.*
Essai, *sm.*
Essence, *sf.*
Établissement, *sm.*
Étourdissement, *sm.*
Évanouissement, *sm.*
Expression, *sf.*
Fantassin, *sm.*
Faussaire, *sm.*
Fausseté, *sf.*
Fossé, *sm.*
Fossile, *sm.*
Fournisseur, *sm.*
Fracasser, *v.*
Frémissement, *sm.*
Fricasser, *v,*
Frisson, *sm.*
Gémissement, *sm.*
Glisser, *v.*
Glissoire, *sf.*
Gousset, *sm.*
Graisser, *v.*
Grosseur, *sf.*
Grossièreté, *sf.*
Grossir, *v.*
Impuissance, *sf.*

Inguérissable, *a.*, 2 *g.*
Intarissable, *a.*, 2 *g.*
Intercesseur, *sm.*
Intercession, *sf.*
Intéresser, *v.*
Issue, *sf.*
Jouissance, *sf.*
Laisser, *v.*
Lambrisser, *v.*
Lasser, *v.*
Lassitude, *sf.*
Lessive, *sf.*
Massacre, *sm.*
Massacrer, *v.*
Massepain, *sm.*
Massue, *sf.*
Maussade, *a.*, 2 *g.*
Message, *sm.*
Messager, *sm.*
Messagerie, *sf.*
Messidor, *sm.*
Messie, *sm.*
Meurtrissure, *sf.*
Missel, *sm.*
Mission, *sf.*
Moisissure, *sf.*
Moisson, *sf.*
Mousseline, *sf.*
Mousser, *v.*
Mousseux, *a. m.*
Mugissement, *sm.*
Naissance, *sf.*
Nantissement, *sm.*
Nécessaire, *a.*, 2 *g.*
Nécessité, *sf.*
Obéissance, *sf.*
Osselet, *sm.*
Omission, *sf.*
Outrepasser, *v.*
Palissade, *sf.*
Paresseux, *sm. et a. m.*
Paroisse, *sf.*
Paroissien, *sm.*
Passable, *a.*, 2 *g.*
Passage, *sm.*
Passager, *sm.*

Passant, *sm.*
Passavant, *sm.*
Passementier, *sm.*
Passé, *sm. et a. m.*
Passer, *v.*
Passereau, *sm.*
Passion, *sf.*
Pâtissier, *sm.*
Permission, *sf.*
Pissenlit, *sm.*
Plissure, *sf.*
Poissarde, *sf.*
Poisson, *sm.*
Polisson, *sm.*
Posséder, *v.*
Possibilité, *sf.*
Possible, *a.*, 2 *g.*
Pousser, *v.*
Poussière, *sf.*
Prédécesseur, *sm.*
Pressentiment, *sm.*
Pressentiment, *sm.*
Pressentir, *v.*
Presser, *v.*
Pression, *sf.*
Procession, *sf.*
Professer, *v.*
Professeur, *sm.*
Profession, *sf.*
Progression, *sf.*
Puissance, *sf.*
Puissant, *a. m.*
Punissable, *a.*, 2 *g.*
Rabaisser, *v.*
Rafraîchissement, *sm.*
Ralentissement, *sm.*
Ramasser, *v.*
Rapetasser, *v.*
Rassasier, *v.*
Rassemblement, *sm.*
Rassurer, *v.*
Ravissement, *sm.*
Ravisseur, *sm.*
Rebrousser, *v.*
Récépissé, *sm.*

Redresser, *v.*	Vessie, *sf.*	Bottine, *sf.*
Régisseur, *sm.*	Vicissitude, *sf.*	Cachotterie, *sf.*
Réjouissance, *sf.*	Vomissement, *sm.*	Chattière, *sf.*
Rémission, *sf.*		Combattre, *v.*
Renaissance, *sf.*	**TT**	Compromettre, *v.*
Repasser, *v.*	Abattement, *sm.*	Coquetterie, *sf.*
Repousser, *v.*	Abattre, *v.*	Crottin, *sm.*
Repoussoir, *sm.*	Acquittement, *sm.*	Débattre, *v.*
Repression, *sf.*	Acquitter, *v.*	Décrotteur, *sm.*
Ressemblance, *sf.*	Attachement, *sm.*	Décrottoire, *sf.*
Ressentiment, *sm.*	Attacher, *v.*	Dégoutter, *v.*
Ressentir, *v.*	Attaquable, *a.*, 2 *g.*	Égoutter, *v.*
Ressort, *sm.*	Attaque, *sf.*	Égouttoir, *sm.*
Ressource, *sf.*	Attaquer, *v.*	Émietter, *v.*
Ressouvenir, *sm.*	Atteinte, *sf.*	Endetter, *v.*
Rétablissement, *sm.*	Attelage, *sm.*	Flatter, *v.*
Retentissement, *sm.*	Attenant, *a. m.*	Flatterie, *sf.*
	Attendre, *v.*	Flatteur, *sm.*
Réussir, *v.*	Attendrir, *v.*	Flotter, *v.*
Réussite, *sf.*	Attentat, *sm.*	Frottement, *sm.*
Rossignol, *sm.*	Attente, *sf.*	Frotter, *v.*
Rousseur, *sf.*	Attentif, *a. m.*	Frottoir, *sm.*
Rugissement, *sm.*	Attention, *sf.*	Goutte, *sf.*
Ruisseau, *sm.*	Atténuant, *a. m.*	Goutteux, *sm.*
Saucisson, *sm.*	Atténuer, *v.*	Gouttière, *sf.*
Soumission, *sf.*	Attérer, *v.*	Gratter, *v.*
Surpasser, *v.*	Attestation, *sf.*	Grattoir, *sm.*
Tapisser, *v.*	Attester, *v.*	Guetter, *v.*
Tapisserie, *sf.*	Attirail, *sm.*	Inattaquable, *a.*, 2 *g.*
Tapissier, *sm.*	Attirer, *v.*	
Tissu, *sm.*	Attitude, *sf.*	Inattention, *sf.*
Tousser, *v.*	Attouchement, *sm.*	Lattitude, *sf.*
Tracasser, *v.*	Attraction, *sf.*	Littéraire, *a.*, 2 *g.*
Tracasserie, *sf.*	Attrait, *sm.*	Littéral, *a. m.*
Tracassier, *sm.*	Attrape, *sf.*	Littérateur, *sm.*
Transgresser, *v.*	Attraper, *v.*	Littérature, *sf.*
Transgresseur, *sm.*	Attribuer, *v.*	Lutter, *v.*
Transgression, *sf.*	Attribut, *sm.*	Lutteur, *sm.*
Transmission, *sf.*	Attribution, *sf.*	Mettable, *a.*, 2 *g.*
Travestissement, *sm.*	Attrister, *v.*	Netteté, *sf.*
	Attrition, *sf.*	Ottoman, *sm.*
Trépassé, *sm.*	Attroupement, *sm.*	Pittoresque, *a.*, 2 *g.*
Tresser, *v.*	Attrouper, *v.*	Quittance, *sf.*
Trousseau, *sm.*	Battement, *sm.*	Rabattre, *v.*
Vaisseau, *sm.*	Batterie, *sf.*	Regretter, *v.*
Vassal, *sm.*	Battre, *v.*	Sagittaire, *sm.*
Vermisseau, *sm.*	Betterave, *sf.*	Sottise, *sf.*
	Bottier, *sm.*	Soumettre, *v.*

Tabletterie, *sf.*
Trottoir, *sm.*

BB *et* **SS**

Abbesse, *sf.*

CC *et* **LL**

Accueillir, *v.*

CC *et* **MM**

Accommodement, *sm.*
Accommoder, *v.*
Raccommodage, *sm.*
Raccommoder, *v.*

CC *et* **NN**

Occasionner, *v.*

CC *et* **SS**

Accessible, *a.*, 2 *g.*
Accessit, *sm.*
Accessoire, *a.*, 2 *g.*
Accomplissement, *sm.*
Accroissement, *sm.*
Raccourcissement, *sm.*
Successeur, *sm.*
Successif, *a. m.*
Succession, *sf.*
Successivement, *adv.*

DD *et* **NN**

Additionnel, *a. m.*
Additionner, *v.*

FF *et* **ÉE**

Bouffée, *sf.*

FF *et* **NN**

Affectionner, *v.*
Bouffonnerie, *sf.*
Chiffonner, *v.*
Chiffonnage, *sm.*
Griffonner, *v.*

FF *et* **SS**

Affaisser, *v.*
Affranchissement, *sm.*

FF *et* **TT**

Chauffrette, *sf.*

LL *et* **ÉE**

Aiguillée, *sf.*
Corbeillée, *sf.*
Cuillerée, *sf.*
Écuellée, *sf.*
Pelletée, *sf.*
Veillée, *sf.*

LL *et* **NN**

Millionnaire, *sm.*

LL *et* **SS**

Allégresse, *sf.*
Embellissement, *sm.*
Gentillesse, *sf.*
Mollesse, *sf.*
Paillasse, *s.*, 2 *g.*
Pallaisson, *sm.*
Vieillesse, *sf.*

LL *et* **TT**

Aiguillette, *sf.*
Allumette, *sf.*
Andouillette, *sf.*
Ballotte, *sf.*
Caillebotte, *sf.*
Caillette, *sf.*
Paillette, *sf.*
Papillotte, *sf.*
Sellette, *sf.*

MM *et* **ÉE**

Renommée, *sf.*

MM *et* **LL**

Emmailloter, *v.*

MM *et* **SS**

Commissaire, *sm.*
Commission, *sf.*

MM *et* **TT**

Commettre, *v.*
Emmenotter, *v.*
Femmelette, *sf.*

NN *et* **ÉE**

Année, *sf.*
Chaudronnée, *sf.*
Maisonnée, *sf.*

NN *et* **LL**

Cannelle, *sf.*
Tonnelle, *sf.*
Tonnellerie, *sf.*

NN *et* **RR**

Paratonnerre, *sm.*
Tonnerre, *sm.*

NN *et* **SS**

Connaissance, *sf.*
Méconnaissable, *a.*, 2 *g.*
Méconnaissant, *a. m.*
Reconnaissable, *a.*, 2 *g.*
Reconnaissance, *sf.*

NN *et* **TT**

Baïonnette, *sf.*
Maisonnette, *sf.*
Marionnette, *sf.*
Savonnette, *sf.*
Sonnette, *sf.*

PP *et* **LL**

Appareiller, *v.*

PP *et* **NN**

Approvisionnement, *sm.*
Approvisionner, *v.*

PP _et_ SS

Appétissant _a.m._
Applaudissement, _sm._
Apprentissage, _sm._
Oppresser, _v._
Oppresseur, _sm._
Oppression, _sf._
Suppression, _sf._

RR _et_ ÉE

Arrivée, _sf._
Beurrée, _sf._
Bourrée, _sf._
Charrée, _sf._
Charretée, _sf._
Diarrhée, _sf._

RR _et_ LL

Ferraille, _sf._
Verrouiller, _v._

RR _et_ SS

Arrondissement, _sm._
Carrosse, _sm._
Carrossier, _sm._
Débarrasser, _v._
Embarrasser, _v._
Nourrissant, _a. m._
Nourrisson, _sm._
Terrasse, _sf._
Terrasser, _v._

RR _et_ TT

Charrette, _sf._

Garrotter, _v._
Sarriette, _sf._

SS _et_ ÉE

Assemblée, _sf._
Boisselée, _sf._
Brassée, _sf._
Chaussée, _sf._
Fricassée, _sf._
Maréchaussée, _sf._
Tassée, _sf._

SS _et_ LL

Assaillant, _sm._
Assaillir, _v._
Aisselle, _sf._
Dessiller, _v._
Tressaillir, _v._
Vaisselle, _sf._

SS _et_ MM

Assommer, _v._
Assommeur, _sm._
Incessamment, _adv._

SS _et_ NN

Assaisonnement, _sm._
Assaisonner, _v._
Cessionnaire, _sm._
Confessionnal, _sm._
Concussionnaire, _sm._
Cressonnière, _sf._
Démissionnaire, _sm._

Écussonner, _v._
Frissonnement, _sm._
Frissonner, _v._
Missionnaire, _sm._
Moissonner, _v._
Poissonnerie, _sf._
Poissonneux, _a.m._
Poissonnière, _sf._

SS _et_ RR

Desserrer, _v._

SS _et_ SS

Assassin, _sm._
Assassinat, _sm._
Assassiner, _v._
Bassesse, _sf._
Grossesse, _sf._
Possesseur, _sm._
Possession, _sf._

SS _et_ TT

Assiette, _sf._
Assujettir, _v._
Cassette, _sf._
Chaussette, _sf._

TT _et_ ÉE

Jattée, _sf._

MM SS _et_ NN

Commissionnaire, _sm._

SS TT _et_ ÉE

Assiettée, _sf._

MOTS QUI N'ONT PAS DE SINGULIER :

Ancêtres, _smp._
Annales, _sfp._
Appointements, _smp._
Archives, _sfp._
Armoiries, _sfp._
Arrérages, _smp._

Assiégeants, _smp._
Bacchânales, _sfp._
Balayures, _sfp._
Brisées, _sfp._
Broussailles, _sfp._
Calendes, _sfp._
Catacombes, _sfp._

Céréales, _sfp._
Complies, _sfp._
Confins, _smp._
Décombres, _smp._
Doléances, _sfp._
Dragonnades, _sfp._
Entrailles, _sfp._

Entraves, *sfp.*	Immondices, *sfp.*	Mœurs, *sfp.*
Entrefaites, *sfp.*	Intestins, *smp.*	Mouchettes, *sfp.*
Éphémérides, *sfp.*	Latrines, *sfp.*	Munitions, *sfp.*
Épinards, *smp.*	Litanies, *sfp.*	Pincettes, *sfp.*
Fiançailles, *sfp.*	Matériaux, *smp.*	Pleurs, *smp.*
Funérailles, *sfp.*	Mathématiques, *sfp.*	Rogations, *sfp.*
Géorgiques, *sfp.*	Matines, *sfp.*	Saturnales, *sfp.*
Hardes, *sfp.*	Miasmes, *smp.*	Ténèbres, *sfp.*
		Vêpres, *sfp.*

MOTS DONT LES CONSONNES FINALES NE SE PRONONCENT PAS :

Almanach, *sm.*	Étang, *sm.*	Parpaing, *sm.*
Aplomb, *sm.*	Instinct, *sm.*	Printemps, *sm.*
Aspect, *sm.*	Loup, *sm.*	Sirop, *sm.*
Doigt, *sm.*	Nid, *sm.*	

CONSONNES FINALES :

B *termine les mots :*	A cause des dé-rivés :		
Plomb.	Plomber.	Nigaud.	Nigaude.
Radoub.	Radouber.	Pied.	Piédestal.
		Placard.	Placarder.
C *termine les mots :*	A cause des dé-rivés :	Poignard.	Poignarder.
		Regard.	Regarder.
Accroc.	Accrocher.	Retard.	Retarder.
Estomac.	Stomacal.	Tard.	Tarder.
Sec.	Sécher.	Tisserand.	Tisseranderie.
		Vagabond.	Vagabondage.
D *termine les mots :*	A cause des dé-rivés :	G *termine les mots :*	A cause des dé-rivés :
Allemand.	Allemande.	Bourg.	Bourgade.
Bond.	Bondir.	Rang.	Ranger.
Bord.	Border.		
Brigand.	Brigandage.	L *termine les mots :*	A cause des dé-rivés :
Dard.	Darder.	Fusil.	Fusiller.
Échaffaud.	Échaffaudage.	Outil.	Outiller.
Fard.	Farder.	Sourcil.	Sourciller.
Flamand.	Flamande.		
Gourmand.	Gourmandise.	M *termine les mots :*	A cause des dé-rivés :
Marchand.	Marchander.	Nom.	Nommer.
Montagnard.	Montagnarde.	Parfum.	Parfumer.

Renom.	Renommer.	Cabaret.	Cabaretier.
Surnom.	Surnommer.	Cachet.	Cacheter.
		Candidat.	Candidature.
P *termine les mots :*	*A cause des dérivés :*	Caquet.	Caqueter.
		Célibat.	Célibataire.
Champ.	Champêtre.	Certificat.	Certificateur.
Drap.	Draperie.	Chocolat.	Chocolatier.
Galop.	Galoper.	Combat.	Combattre.
		Complot.	Comploter.
S *termine les mots :*	*A cause des dérivés :*	Crédit.	Créditer.
		Crochet.	Crocheter.
		Débat.	Débattre.
Abus.	Abuser.	Débit.	Débiter.
Amas.	Amasser.	Débitant.	Débitante.
Anglais.	Anglaise.	Decret.	Decréter.
Anis.	Anisette.	Dégoût.	Dégoûter.
Avis.	Aviser.	Dot.	Doter.
Bois.	Boisé.	Écart.	Écarter.
Cadenas.	Cadenasser.	Éclat.	Éclater.
Chamois.	Chamoiseur.	Emprunt.	Emprunter.
Embarras.	Embarrasser.	Expert.	Expertise.
Encens.	Encenser.	Exploit.	Exploiter.
Engrais.	Engraisser.	Fat.	Fatuité.
Fracas.	Fracasser.	Flot.	Flotter.
Lambris.	Lambrisser.	Fruit.	Fruitier.
Marquis.	Marquisat.	Grabat.	Grabataire.
Mépris.	Mépriser.	Légat.	Légation.
Obus.	Obusier.	Magistrat.	Magistrature.
Rabais.	Rabaisser.	Mandat.	Mandataire.
Ramas.	Ramasser.	Mousquet.	Mousquetaire.
Refus.	Refuser.	Prélat.	Prélature.
Repos.	Reposer.	Profit.	Profiter.
Tamis.	Tamiser.	Projet.	Projeter.
Tapis.	Tapisser.	Rabot.	Raboter.
Tracas.	Tracasser.	Rat.	Ratière.
Trépas.	Trépasser.	Récit.	Réciter.
Vernis.	Vernisser.	Regret.	Regretter.
		Reliquat.	Reliquataire.
T *termine les mots :*	*A cause des dérivés :*	Respect.	Respecter.
		Sabot.	Sabotier.
Abricot.	Abricotier.	Sanglot.	Sangloter.
Acquit.	Acquitter.	Sénat.	Sénateur.
Affront.	Affronter.	Serpent.	Serpenter.
Argent.	Argenterie.	Soufflet.	Souffleter.
Arpent.	Arpenteur.	Souhait.	Souhaiter.
Arrêt.	Arrêter.	Support.	Supporter.
Bienfait.	Bienfaiteur.	Transport.	Transporter.
Bouquet.	Bouquetière.	Usufruit.	Usufruitier.

SYLLABES FINALES :

AIN termine les mots :	A cause des dérivés :
Certain.	Certaine.
Contemporain.	Contemporaine
Diocésain.	Diocésaine
Germain.	Germaine.
Forain.	Foraine.
Incertain.	Incertaine.
Inhumain.	Inhumaine.
Malsain.	Malsaine.
Métropolitain.	Métropolitaine.
Mondain.	Mondaine.
Nain.	Naine.
Prochain.	Prochaine.
Républicain.	Républicaine.
Riverain.	Riveraine.
Romain.	Romaine.
Soudain.	Soudaine.
Souverain.	Souveraine.
Ultramontain.	Ultramontaine.
Vain.	Vaine.
Vilain.	Vilaine.

IN termine les mots :	A cause des dérivés :
Aigrefin.	Aigrefine.
Bouquin.	Bouquiner.
Chagrin.	Chagriner.
Citadin.	Citadine.
Cousin.	Cousine.
Badin.	Badiner.
Blondin.	Blondine.
Burin.	Buriner.
Butin.	Butiner.
Calin.	Caline.
Chemin.	Cheminer.
Clandestin.	Clandestine.
Coquin.	Coquine.
Dandin.	Dandine.
Déclin.	Décliner.
Destin.	Destiner.
Devin.	Deviner.
Divin.	Divine.
Enclin.	Encline.
Enfantin.	Enfantine.
Faquin.	Faquine.
Féminin.	Féminine.
Gredin.	Gredine.
Jardin.	Jardiner.
Lambin.	Lambine.
Lapin.	Lapine.
Latin.	Latine.
Libertin.	Libertine.
Magasin.	Emmagasiner.
Marin.	Marine.
Maroquin.	Maroquiner.
Masculin.	Masculine.
Médecin.	Médecine.
Mesquin.	Mesquine.
Mutin.	Mutine.
Patelin.	Pateline.
Patin.	Patiner.
Pélerin.	Pélerine.
Raisin.	Raisiné.
Sanguin.	Sanguine.
Satin.	Satiner.
Voisin.	Voisine.

LES ADJECTIFS EN *EUX* FONT LEUR FÉMININ EN *EUSE*.

masc.	fém.	masc.	fém.	masc.	fém.
Affreux,	euse.	Boiteux,	euse.	Contagieux,	euse.
Avantageux,	euse.	Calomnieux,	euse.	Copieux,	euse.
Belliqueux,	euse.	Capiteux,	euse.	Courageux,	euse.

masc.	fém.	masc.	fém.	masc.	fém.
Coûteux,	euse.	Industrieux,	euse.	Pluvieux,	euse.
Crasseux,	euse.	Ingénieux,	euse.	Pompeux,	euse.
Creux,	euse.	Injurieux,	euse.	Populeux,	euse.
Curieux,	euse.	Irréligieux,	euse.	Présomp-	
Dangereux,	euse.	Joyeux,	euse.	tueux,	euse.
Dédaigneux,	euse.	Laborieux,	euse.	Prodigieux,	euse.
Défectueux,	euse.	Laiteux,	euse.	Raboteux,	euse.
Désastreux,	euse.	Luxurieux,	euse.	Radieux,	euse.
Désavanta-		Majestueux,	euse.	Religieux,	euse.
geux,	euse.	Malheureux,	euse.	Résineux,	euse.
Désireux,	euse.	Marécageux,	euse.	Respec-	
Dispendieux,	euse.	Mélodieux,	euse.	tueux,	euse.
Douloureux,	euse.	Merveilleux,	euse.	Rigoureux,	euse.
Douteux,	euse.	Miséricor-		Ruineux,	euse.
Ennuyeux,	euse.	dieux,	euse.	Scandaleux,	euse.
Envieux,	euse.	Miraculeux,	euse.	Sérieux,	euse.
Fâcheux,	euse.	Monstrueux,	euse.	Soigneux,	euse.
Fameux,	euse.	Montagneux,	euse.	Somptueux,	euse.
Fastueux,	euse.	Nerveux,	euse.	Soyeux,	euse.
Fiévreux,	euse.	Nombreux,	euse.	Spongieux,	euse.
Fougueux,	euse.	Odieux,	euse.	Studieux,	euse.
Frauduleux,	euse.	Oiseux,	euse.	Vertueux,	euse.
Furieux,	euse.	Ombrageux,	euse.	Vicieux,	euse.
Généreux,	euse.	Onéreux,	euse.	Victorieux,	euse.
Glorieux,	euse.	Orageux,	euse.	Vieux,	euse.
Grâcieux,	euse.	Orgueilleux,	euse.	Vigoureux,	euse.
Gueux,	euse.	Oublieux,	euse.	Volumi-	
Ignomi-		Paresseux,	euse.	neux,	euse.
nieux,	euse.	Périlleux,	euse.	Volup-	
Impérieux,	euse.	Pierreux,	euse.	tueux,	euse.

LES ADJECTIFS EN *F* FONT LEUR FÉMININ EN *VE*.

masc.	fém.	masc.	fém.	masc.	fém.
Actif,	ve.	Lucratif,	ve.	Primitif,	ve.
Bref,	ve.	Massif,	ve.	Privatif,	ve.
Brief,	ve.	Natif,	ve.	Purgatif,	ve.
Captif,	ve.	Négatif,	ve.	Rétroactif,	ve.
Chétif,	ve.	Oisif,	ve.	Sauf,	ve.
Craintif,	ve.	Plaintif,	ve.	Veuf,	ve.
Fugitif,	ve.	Présomptif,	ve.	Vif,	ve.
Juif,	ve.	Préventif,	ve.	Vindicatif,	ve.

ADJECTIFS QUI PRENNENT UN *E* MUET AU FÉMININ, SANS DOUBLER LEUR DERNIÈRE CONSONNE.

ADJECTIFS TERMINÉS EN D :

masc.	fém.	masc.	fém.	masc.	fém.
Bâtard,	e.	Friand,	e.	Profond.,	e.
Blond,	e.	Froid,	e.	Rond,	e.
Chaud,	e.	Grand,	e.	Second,	e.
Courtaud,	e.	Lourd,	e.	Sourd,	e.
Criard,	e.	Lourdaud,	e.		
Fécond,	e.	Moribond,	e.		

ADJECTIFS TERMINÉS EN L :

masc.	fém.	masc.	fém.	masc.	fém.
Bissextil,	e.	Final,	e.	Patronal,	e.
Brutal *,	e.	Frugal,	e.	Pectoral,	e.
Civil,	e.	Général,..	e.	Prévotal,	e.
Conjugal,	e.	Incivil,	e.	Principal,	e.
Cordial,	e.	Libéral,	e.	Puéril,	e.
Dominical,	e.	Matrimonial,	e.	Sacerdotal,	e.
Égal,	e.	Méridional,	e.	Seul,	e.
Épiscopal,	e.	Moral,	e.	Subtil,	e.
Équilatéral,	e.	Municipal,	e.	Testimonial,	e.
Équinoxial,	e.	Normal,	e.	Viril,	e.
Fatal,	e.	Original,	e.	Vocal,	e.
Filial,	e.	Patrimonial,	e.		

ADJECTIFS TERMINÉS EN N :

masc.	fém.	masc.	fém.	masc.	fém.
Brun,	e.	Enclin,	e.	Fin,	e.
Commun,	e.	Gallican,	e.	Superfin,	e.

ADJECTIFS TERMINÉS EN R :

masc.	fém.	masc.	fém.	masc.	fém.
Altier,	e.	Foncier,	e.	Ménager,	e.
Antérieur,	e.	Grossier,	e.	Mensonger,	e.
Dur,	e.	Inférieur,	e.	Mineur,	e.
Entier,	e.	Intérieur,	e.	Supérieur,	e.
Étranger,	e.	Journalier,	e.	Viager,	e.
Familier,	e.	Léger,	e.		
Fier,	e.	Majeur,	e.		

* Tous les adjectifs en *al* ne doublent point leur dernière consonne au féminin.

ADJECTIFS TERMINÉS EN S :

masc.	fém.	masc.	fém.	masc.	fém.
Concis,	e.	Épris,	e.	Précis,	e.
Confus,	e.	Gris,	e.	Sournois,	e.
Courtois,	e.	Indécis,	e.		
Diffus,	e.	Mauvais,	e.		

ADJECTIFS TERMINÉS EN T :

masc.	fém.	masc.	fém.	masc.	fém.
Abject,	e.	Direct,	e.	Inexact,	e.
Absent,	e.	Discret,	e.	Ingrat,	e.
Abstrait,	e.	Distinct,	e.	Inquiet,	e.
Adhérent,	e.	Distrait,	e.	Intact,	e.
Adjacent,	e.	Droit,	e.	Lent,	e.
Adroit,	e.	Édifiant,	e.	Méchant,	e.
Ardent,	e.	Équivalent,	e.	Mécontent,	e.
Bigot,	e.	Érudit,	e.	Nabot,	e.
Cagot,	e.	Étroit,	e.	Petit,	e.
Charmant,	e.	Exact,	e.	Plat,	e.
Circonspect,	e.	Fréquent,	e.	Précédent,	e.
Complet,	e.	Gratuit,	e.	Prompt,	e.
Content,	e.	Idiot,	e.	Proscrit,	e.
Contrit,	e.	Immédiat,	e.	Récent,	e.
Correct,	e.	Imparfait,	e.	Replet,	e.
Courant,	e.	Imprudent,	e.	Secret,	e.
Court,	e.	Incomplet,	e.	Succinct,	e.
Défunt,	e.	Incorrect,	e.	Suspect,	e.
Délicat,	e.	Indirect,	e.	Vert,	e.
Désert,	e.	Indiscret,	e.		
Dévot,	e.	Indulgent,	e.		

ADJECTIFS QUI DOUBLENT AU FÉMININ LEUR DERNIÈRE CONSONNE AVEC L'*E* MUET.

ADJECTIFS TERMINÉS EN L :

masc.	fém.	masc.	fém.	masc.	fém.
Actuel,	le.	Continuel,	le.	Graduel,	le.
Annuel,	le.	Corporel,	le.	Immortel,	le.
Casuel,	le.	Criminel,	le.	Incorporel,	le.
Charnel,	le.	Cruel,	le.	Individuel,	le.
Circonstanciel,	le.	Éternel,	le.	Matériel,	le.
Conditionnel,	le.	Fol,	le.	Maternel,	le.
Confidentiel,	le.	Formel,	le.	Mensuel,	le.
Constitu-tionnel,	le.	Fraternel,	le.	Ministériel,	le.
		Gentil,	le.	Mortel,	le.

masc.	fém.	masc.	fém.	masc.	fém.
Mutuel,	le.	Personnel,	le.	Spirituel,	le.
Naturel,	le.	Pestilentiel,	le.	Substantiel,	le.
Nul,	le.	Pluriel,	le.	Superficiel,	le.
Officiel,	le.	Ponctuel,	le.	Surnaturel,	le.
Originel,	le.	Proportionnel,	le.	Tel,	le.
Pareil,	le.	Rationnel,	le.	Temporel,	le.
Partiel,	le.	Réel,	le.	Universel,	le.
Paternel,	le.	Sensuel,	le.	Véniel,	le.
Perpétuel,	le.	Solennel,	le.	Vermeil,	le.

ADJECTIFS TERMINÉS EN N :

masc.	fém.	masc.	fém.	masc.	fém.
Ancien,	ne.	Mignon,	ne.	Moyen,	ne.
Bon,	ne.	Mitoyen,	ne.	Quotidien,	ne.

ADJECTIFS TERMINÉS EN S :

masc.	fém.	masc.	fém.	masc.	fém.
Bas,	se.	Exprès,	se.	Gros,	se.
Épais,	se.	Gras,	se.	Las,	se.

ADJECTIFS TERMINÉS EN T :

masc.	fém.	masc.	fém.	masc.	fém.
Cadet,	te.	Douillet,	te.	Net,	te.
Coquet,	te.	Fluet,	te.	Sot,	te.
Doucet,	te.	Muet,	te.	Sujet,	te.

ADVERBES QUI SE FORMENT D'ADJECTIFS FÉMININS PAR L'ADDITION DE *MENT*.

Adj. fém.	Adverbes.	Adj. fém.	Adverbes.
Antérieure.	Antérieurement.	Confuse.	Confusément.
Actuelle.	Actuellement.	Constitu— tionnelle.	Constitutionnelle- ment.
Adroite.	Adroitement.		
Ancienne.	Anciennement.	Continuelle.	Continuellement.
Annuelle.	Annuellement.	Coquette.	Coquettement.
Basse.	Bassement.	Corporelle.	Corporellement.
Civile.	Civilement.	Correcte.	Correctement.
Commune.	Communément.	Criminelle.	Criminellement.
Complète.	Complétement.	Cruelle.	Cruellement.
Condition- nelle.	Conditionnelle- ment.	Délicate.	Délicatement.
		Dévote.	Dévotement.
Confiden- tielle.	Confidentielle- ment.	Diffuse.	Diffusément.
		Directe.	Directement.

Adj. fém.	Adverbes.	Adj. fém.	Adverbes.
Discrète.	Discrètement.	Mutuelle.	Mutuellement.
Distincte.	Distinctement.	Naturelle.	Naturellement.
Divine.	Divinement.	Nette.	Nettement.
Dure.	Durement.	Nulle.	Nullement.
Entière.	Entièrement.	Officielle.	Officiellement.
Essentielle.	Essentiellement.	Originelle.	Originellement.
Éternelle.	Éternellement.	Pareille.	Pareillement.
Étroite.	Étroitement.	Partielle.	Partiellement.
Exacte.	Exactement.	Paternelle.	Paternellement.
Expresse.	Expressément.	Perpétuelle	Perpétuellement.
Familière.	Familièrement.	Personnelle	Personnellement.
Folle.	Follement.	Petite.	Petitement.
Foncière.	Foncièrement.	Ponctuelle.	Ponctuellement.
Formelle.	Formellement	Précise.	Précisément.
Fraternelle.	Fraternellement.	Prochaine.	Prochainement.
Froide.	Froidement.	Profonde.	Pronfondément.
Graduelle.	Graduellement.	Prompte.	Promptement.
Gratuite.	Gratuitement.	Proportion-	Proportionnelle-
Grossière.	Grossièrement.	nelle.	ment.
Immédiate.	Immédiatement.	Puérile.	Puérilement.
Imparfaite.	Imparfaitement.	Réelle.	Réellement.
Incivile.	Incivilement.	Secrète.	Secrètement.
Incomplète	Incomplètement.	Sensuelle.	Sensuellement.
Indirecte.	Indirectement.	Solennelle.	Solennellement.
Indiscrète.	Indiscrètement.	Sotte.	Sottement.
Indivi-	Individuelle-	Sourde.	Sourdement.
duelle.	ment.	Spirituelle.	Spirituellement.
Inhumaine	Inhumainement.	Substan-	Substantielle-
Intérieure.	Intérieurement.	tielle.	ment.
Légère.	Légèrement.	Subtile.	Subtilement.
Lente.	Lentement.	Succincte.	Succinctement.
Matérielle.	Matériellement.	Superfi-	Superficielle-
Maternelle.	Maternellement.	cielle.	ment.
Mesquine.	Mesquinement.	Supérieure	Supérieurement.
Ministé-	Ministérielle-	Telle.	Tellement.
rielle.	ment.	Temporelle	Temporellement.
Mondaine.	Mondainement.	Universelle	Universellement.
Mortelle.	Mortellement.	Vénielle.	Véniellement.

ADVERBES QUI SE FORMENT D'ADJECTIFS MASCULINS EN CHANGEANT *ANT* EN *AMMENT* ET *ENT* EN *EMMENT*.

ANT *en* AMMENT :

Adj. masc.	Adverbes.	Adj. masc.	Adverbes.
Abondant.	Abondamment.	Arrogant.	Arrogamment.

Adj. masc.	Adverbes.	Adj. masc.	Adverbes.
Brillant.	Brillamment.	Instant.	Instamment.
Bruyant.	Bruyamment.	Méchant.	Méchamment.
Complaisant.	Complaisamment.	Obligeant.	Obligeamment.
Constant.	Constamment.	Pesant.	Pesamment.
Courant.	Couramment.	Plaisant.	Plaisamment.
Élégant.	Élégamment.	Puissant.	Puissamment.
Étonnant.	Étonnamment.	Suffisant.	Suffisamment.
Galant.	Galamment.	Surabondant.	Surabondamment.
Indépendant.	Indépendamment.	Vaillant.	Vaillamment.

ENT *en* EMMENT :

Antécédent	Antécédemment.	Impatient.	Impatiemment.
Apparent.	Apparemment.	Impertinent.	Impertinemment.
Ardent.	Ardemment.	Imprudent.	Imprudemment.
Compétent.	Compétemment.	Indécent.	Indécemment.
Concurrent	Concurremment.	Indifférent.	Indifféremment.
Confident.	Confidemment.	Indulgent.	Indulgemment.
Conséquent.	Conséquemment.	Innocent.	Innocemment.
Différent.	Différemment.	Insolent.	Insolemment.
Diligent.	Diligemment.	Négligent.	Négligemment.
Éloquent.	Éloquemment.	Patient.	Patiemment.
Éminent.	Éminemment.	Précédent.	Précédemment.
Évident.	Évidemment.	Récent.	Récemment.
Excellent.	Excellemment.	Subséquent	Subséquemment.
Fréquent.	Fréquemment.	Violent.	Violemment.

FIN.

Nantes. Imprimerie du Commerce, V Mangin et W. Busseuil.